장사의 신
이순희 박사의
도전하는 삶

**장사의 신
이순희 박사의
도전하는 삶**

초판 1쇄 인쇄 _ 2019년 7월 10일
초판 1쇄 발행 _ 2019년 7월 15일

지은이 _ 이순희

펴낸곳 _ 바이북스
펴낸이 _ 윤옥초
책임 편집 _ 김태윤
책임 디자인 _ 이민영

ISBN _ 979-11-5877-106-5 03320

등록 _ 2005. 7. 12 | 제 313-2005-000148호

서울시 영등포구 선유로49길 23 아이에스비즈타워2차 1005호
편집 02)333-0812 | 마케팅 02)333-9918 | 팩스 02)333-9960
이메일 postmaster@bybooks.co.kr
홈페이지 www.bybooks.co.kr

책값은 뒤표지에 있습니다.
책으로 아름다운 세상을 만듭니다. ― 바이북스

제2의 인생을 준비하는 사람들에게 권하는

장사의 신
이순희 박사의
도전하는 삶

이순희 지음

바이북스
ByBooks

세상에 공짜는 없다
68세 대학원 신입생 할머니(?)

"공짜가 있다면 그것은 세상에서 가장 비싼 것일 수 있다."

내가 야간 공업고등학교 2학년 때 경제사정으로 대학을 일찌감치 포기하고 방황하며 누가 나를 도와주지 않나 하여 사방을 두리번거리며 거지 근성을 보일 때 은사님이 내게 해주신 말씀으로 거의 한평생을 살아오면서 가슴에 품고 살았던 이야기다.

그 후 인생을 살아오면서 공짜를 좋아하게 되면 거지 근성이 배어 자기 인생을 망치는 값비싼 대가를 치르게 됨을 여러 경우에서 보게 되었다.

2015년 3월 신학기 첫 강의를 위하여 대학원 강의실에 들어가 보니 내 또래의 할머니(?)가 막내아들이나 딸보다 어린 수강생들 사이에 앉아 있었다. 괴이쩍게 생각을 하고 출석을 불러보니 대답을 하는 것이 아닌가? 그의 이름이 '이순희'였다. 그는 내가 35년 간 교수 생활을 하던 중 만난 가장 늙은(?) 제자였다. 수업을 시작하며 이순희가 잘 따라올 수 있으려나 하는 걱정이 앞섰다.

그 후 한 학기 15주 수업을 진행하는 과정에서 내 걱정이 기우였음을 알게 되었고, 그는 언제나 진지하고 열성적인 수업태도로 과제 준비와 발표에 임했고 클라스의 40여 년 연하의 동료들과 스스럼없이 어울려 수업 분위기를 띄우는 데 일조했다. 그리고 무엇보다 이순희는 언제나 소녀처럼 밝고 명랑했으며 적극적인 태도를 견지했다. 나는 다 늙어서 누가 시키지도, 반가워하지도 않을 공부로 고생을 사서하며, 막내 자식보다 어린 학생들 사이에서 아쉬운 소리를 해가며 하는 공부가 뭐 그리도 즐거울꼬 하는 마음이 들어 이순희를 관찰하는 관찰자가 되기도 했다.

가난 속에서 치열하게 보낸 젊음

가난과 열악한 환경 속에서 청소년기를 보낸 지금의 70대 중 치열하게 젊음을 보낸 사람은 대부분 가난의 악순환의 고리를 끊고 자립하는데 성공했다고 하겠다.

이순희도 초등학교 졸업 후 13살에 가녀린 소녀의 몸으로 사회생활을 시작하여 온갖 고초를 겪으며 부자의 꿈을 갖게 되었고, 그 꿈의 성취를 위하여 끊임없이 달려가는 인생을 살아왔다고 생각된다.

동대문 시장을 스승으로 삼아 살아남은 생존력

시장이란 온갖 사람들이 모여서 다양한 품목으로 생존경쟁을 다투는 치열한 삶의 현장이다. 이순희는 이곳에서 본능적인 판단력과 감각으로 스카프라는 매개체를 통하여 트렌드 파악과 상품선정, 유통과 고객관리, 낮은 자세로 임하는 처세술, 자금의 배분과 투자 등 실전을 통하여 성공한 사업가로 자리매김하게 된다.

끝없는 목마름

대부분의 사람들은 사업에 성공하여 돈을 벌게 되면 돈의 노예가 되어 더 많은 부의 축적을 위한 길을 가게 되거나 스스로 안주하여 생을 즐기는 길을 가게 된다. 그러나 이순희는 사업가로 성공한 초로初老 63세의 나이에 또 다른 고난의 길을 선택하게 된다.

그것도 스스로의 결단으로 소녀시절 못다 이룬 중학교 공부를 시작으로 고등학교, 대학교, 대학원, 그리고 현재 72세에 박사과정에 이르기까지. 사람이 한 인생을 살아가는 방법에는 여러 가지가 있겠지만 이순희는 이러한 선택에서 남다른 탁월한 인생경영과 인생 디자인의 면모와 자기완성을 위한 고난한 구도자의 길을 찾아가고 있다고 했다.

즐기면서 이룩해내는 성취

구도자의 길은 고난과 고통이 수반되는 지난한 길이지만 이순희가 인생의 긴 여정에서 쓰러지거나 발길을 돌리지 않고 더 높은 곳을 향하여 끊임없이 한발 한발을 내딛는 힘은 어디에서 오는 것일까? 그것은 아마도 어릴 때 지독히도 가난한 환경을 치열한 젊음으로 이겨내는 과정에서 얻어진 자신감으로 생각되며 다음과 같이 요약할 수 있다고 본다.

- 확신하는 성취의 자신감
- 특유의 판단력과 추진력
- 추진과정을 즐기는 여유
- 성취된 결과를 나누려는 기여와 나눔 정신

이제 이순희의 도전이 어디에서 멈출지는 이순희 본인도 가늠할 수 없을지도 모른다. 그러나 이것 하나만은 확실하다. 이순희 박사는 그가 이루어낸 가치를 모든 이들과 공유하기 위하여 지치지 않고 활동하며 이 사회에 기여하고자 노력해 나갈 것이다.

이순희 파이팅!
이순희 박사 파이팅!

2019년 여름, 종로 연미재에서
오원탁(서울과학기술대학교 명예교수)

들어가는 글

도전하는 삶에 관한 글을 쓰자니 가슴이 두근거린다.

그중 인생의 전반기를 바친 돈 벌기에 관해서는 세상에서 가장 멋진 신랑을 친구들에게 처음으로 소개하는 신부의 마음이 이러할까.

나는 사람들에게 나의 돈 버는 이야기를 본격적으로 전하고 싶었다. '스카프 장사의 신', '서민갑부' 등 분에 넘치는 찬사를 듣게 되면서 품은 생각이다. 이 기회에 내 소중한 경험들을 있는 그대로 생생하게 전하련다. 물론 이러한 노력이 내 후반기 인생과도 무관하지 않다.

"살려고 하는 자는 죽을 것이고 죽으려고 하는 자는 살 것이다."

나의 정신적 멘토, 이순신 장군의 유명한 말씀이다. 나는 사글세를 살면서 돈을 벌어야 한다는 일념으로, 이순신 장군처럼 사생결단으로 돈을 벌었다.

사실 나는 하루를 살기조차 힘겨웠던 사람이다. 둥지를 튼 동대문 시장에서 오로지 살겠다는 각오로 장사만 했던 상인이다. 그런데 장사를 통해서 세상을 살아가는 이유를 깨달았고, 가난으로 방황하며 살았던 과거를 뒤로하고 마음의 평화와 안정을 얻게 되었다.

"너무나 행복해 보이세요."

지금의 나는 이런 말을 자주 듣는다. 사실 행복하다. 인생의 후반기에 뒤늦게 공부에 미친 것도 그렇다. 시간 가는 줄 모르고 영어사전에서 단어를 찾아 외워가며 밤을 새웠을 때 얼마나 뿌듯했던지! 한때는 세상에서 가장 불행한 여인이라면서 하늘을 원망한 적도 있었지만 지금은 세상에서 가장 행복한 여인이 되어 있다.

나에게 동대문 시장에서의 돈 벌기는 신앙이며, 소명이며, 살아가는 이유였다. 장사를 제대로 배우고 싶어서 수시로 백화점을 구석구석 누비며 안목을 넓히고 스카프를 공부했다. 그러나 오직 스카프에만 몰두하지 않았다. 남녀 패션의 동향과 추세를 비롯해 갖가지 그릇들의 디자인, 가방에 그려진 그림, 장신구들의 수많은 형태 등 어느 한 가지도 놓치지 않았다. 그 모두가 스카프로 연결되었다. 나에게 백화점은 천국처럼 신비하고 아름다운 곳이었다. 그곳에서 매일 새로운 디자인을 상상하는 습관을 들였다.

시중에 나와 있는 평범한 디자인, 천편일률적인 컬러가 나는 싫었다. 백화점을 이 잡듯 뒤지고 다니던 어느 날, 눈에 익지 않은 수출품의 디자인과 컬러가 눈에 들어왔다. 나는 수입품을 취급하는 매장을 찾아가 디자인과 컬러를 비교, 분석했다. 그곳에서 은은한 컬러에 매료되었다. 내가 생각했던 디자인 느낌과 일맥상통했다. 절망적으로만 보이던 내 인생에서 희망의 빛이 드러났다. 마침내 내가 좋아하는 것을 만난 그 순간, 그 이후 최고로 가치 있는 삶이 시작되었다.

나는 그 흔한 대학 출신이 아니다. 중고등학교도 가보지 못했다. 디자이너는 더더욱 아니었다. 초등학교 출신의 그야말로 전형적인 패배자일 뿐이었다. 절망의 끝에서 죽음을 생각한 적도 있었고, 희망이라는 단어를 잊고 산 나날도 많았다. 그러던 중 내가 연구해서 디자인한 상품이 고객들에게 좋은 반응을 받았다. 덕분에 세상을 달리 볼 수 있었다. '나'를 돌아볼 수 있었고, 삶에 만족할 수 있었다.

독자들 중 누군가는 어떻게 초등학교 출신이 디자인을 할 수 있었을까 의아해할 수도 있을 것이다. 특별한 비결이 있었던 것은 아니다. 절박한 상황에 놓이다 보니 머리를 쥐어짜고 필사적으로 몸부림치게 되었다. 그랬더니 이루어졌다. 누구나 이런 역전극을 연출해낼 수 있다. 그러므로 지금 최악의 상황에 처했더라도 마음을 열고 도전해보는 것은 어떨까? 최악의 상황을 맞기 전이라면 더 좋다. 생각하고, 마음먹고, 도전하는 순간 모든 것이 바뀐다.

동대문 시장에 들어와서 35년의 세월, 강산이 세 번 반 변했다. 빈손으로 시작한 장사는 고난과 고통의 연속이었다. 그러나 강한 자생력을 가진 나는 부딪히고 부서지면서 견뎌냈다. 그 인내의 끝에서 논현동 작은 건물의 주인이 되었다.

장사를 하는 사람은 누구나 건물주가 될 수 있다. 그 이상도 가능하다. 장사에 성공하는 비결은 첫째도 둘째도 솔선수범이다. 대표로서 솔선수범하여 상품제작부터 판매까지, 즉 처음부터 끝까지 모든 것을 다 알아야 한다. 알면서 판매원에 지시할 때와 모르고 지시할 때의 차이는 하늘과 땅 차이다. 상품을 제작할 때도 주인의식이 투철한 대표들은 어디가 어떻게 불편한지, 어디를 어떻게 개선해야 고객들이 만족할 것인지를 늘 생각한다.

판매에 있어서도 주인의식을 가진 대표들은 다르다. 그들은 장기적인 안목으로 멀리 본다. 고객의 분위기를 파악하고, 고객에게 잘 어울리는 상품을 제시하면서 고객의 만족도가 지속될 수 있는지를 염두에 두고 판매한다. 그러한 마음가짐은 고객을 향한 배려, 양보, 친절로 나타난다. 배려, 양보, 친절은 고객에게 다음에 다시 방문할 수 있는 기회를 제공한다.

하루 매상만 많이 올리면 그만이라는 생각은 곤란하다. 이런 생각은 판매원들, 그중에서도 수동적이며 자부심 또한 없는 판매원들의 마음가짐이다. 여러분이 대표라면 어떤 마음가짐으로 일할 것인가?

더군다나 나는 장사에만 머물지 않았다. 나는 안정을 찾은 뒤 평생소원인 공부를 시작했다. 초등학교 출신의 학력을 중학교 수준으로라도 끌어올리려 남편에게 협조를 구했다.

"당신 미쳤어! 당신 나이 환갑, 진갑 넘었어. 머리 아픈 공부 이제 해서 뭘 해? 쓸데없는 짓 하지 말고, 나랑 놀러나 다녀."

"여보, 나는 이대로는 못 살겠다. 죽어도 하고 싶다. 나는 초등학교 출신으로는 못 살겠다."

"당신이 정 원하면 해봐. 그러나 이제 머리가 굳을 대로 굳어서 안 될 거야."

남편의 말에 더 오기가 생겨 정말 죽을 각오로 공부에 임했다. 첫 관문으로 63세에 중학교 검정고시에 도전했다. 초등학교 졸업한 지 50년, 불가능해 보였던 도전을 시도한 것이다.

'안 되면 차라리 죽자.'

역시나 이순신 장군처럼 죽을 각오로 임하니 해낼 수 있었다. 중학교 검정고시에 통과한 나는 대학 과정까지 해치웠다.

지금은 서울과학기술대학교 산업대학원 나노IT디자인 융합과에

12

서 박사 공부를 하고 있다. 8년 전만 해도 초등학교 출신으로서 주눅
든 채 살았던 나는 이 세상 누구보다 행복하다.

어차피 살아갈 인생이라면 자신이 하고 싶은 일을 해보고 죽어야
할 것 아닌가? 어차피 죽을 인생이라면 보람 있는 일에 목숨을 걸어
볼 만하지 않은가? 여러분에게 당돌하게 이런 질문을 던지고 싶다.

육십 줄에 공부를 하고 칠십 줄에 작가가 되었다. 그런데도 여전
히 공부에 대해서는 목이 마르다. 나의 미래가 어디까지 펼쳐질지
나도 감을 못 잡겠다. 죽는 날까지 도전할 것이다. 그래서 나는 동대
문 시장에서 돈을 벌어 강남에 건물주가 되었고, 공부를 하며 느낀
모든 것들을 이 책에 담기로 했다.

대학을 나온 인재들이 취업을 못해 방황하고 있는 요즘이다. 회
사를 위해, 국가를 위해 헌신해온 선배들이 은퇴 후 사업 실패나 재
취업 실패로 실의에 빠져 있다. 혹시 지금 절망과 고통 속에서 힘겨
워하는 누군가가 이 책을 읽고 힘을 얻는다면 더 바랄 것이 없겠다.

도전하는 데 늦은 때란 없다. 참고로 책에서 모자란 부분은 유튜
브에서도 채울 수 있다. 검색창에 '이순희 박사'를 입력하면, 영상으
로써 내가 여러분을 응원할 것이다.

차례

chapter 1

서민 갑부의
장사 원칙

01

서민 갑부가 되기까지

동대문 시장에는 장사의 '장'자도 모르면서 '장사나 해보자'라는 마음으로 들어오는 사람들이 많다. '남들도 다 하는 장사인데, 나라고 못할 리 없지!' 하는 안일함으로 덤벼들었다가 실패를 맛보는 이들을 종종 보았다.

동대문 시장에서 장사를 하려면 각오는 단단히, 준비는 철저히 해야 한다. 아무리 작은 매장이라도 기초 공사 인테리어 비용만 몇 천 만원은 들어간다. 또한 매장을 꾸미고 처음 한 달은 지인들의 도움으로 매출을 올릴 수가 있다. 그러나 그 후로는 모르는 고객을 잡아야 한다. 이미 다른 매장 단골인 고객을 우리 매장으로 발길을 돌리게 하려면 독창성이 있는 상품을 갖춰야 한다. 매력적인 판매 가격은 두말 할 것 없고, 고객의 감성을 만족시키는 차별적 서비스도 필요하다.

고객을 잡으려면 고객의 취향을 알아차려야 한다. 나는 35년 동안 제조와 판매를 겸하면서 고객을 파악했다. 이제는 오랜 세월의 노하우를 통해 고객의 옷차림만 봐도 취향을 알 수 있다. 값비싼 명품을 좋아하는지, 질은 좋고 가격은 저렴한 상품을 선호하는지, 클래식한 디자인을 선호하는지, 젊어 보이는 캐주얼 스타일을 좋아하는지, 일본풍의 아기자기한 컬러를 좋아하는지, 유럽풍의 멋들어진 아방가르드avant-garde 컬러를 원하는지 등이 한눈에 들어온다. 이론으로는 정리할 수 없는 이 감각은 어느 순간 번뜩이며 살아난다. 오랜 세월 세밀하게 관찰하고 느끼면서 감각을 찾으려고 노력한 결과다.

둥지로 삼으려는 상가의 분위기부터 면밀하게 살펴보자. 소비 수준은 어느 정도인지 상, 중, 하로 나누어 분석하는 것이 좋다. 그래야만 상품의 적정 판매가를 정하는 데 유리하다. 나아가 고객들은 어떤 제품을 선호하는지, 어떤 연령층의 고객이 많은지, 디스플레이는 어떤 분위기가 좋은지 등을 분석해야 한다. 그 분석 결과를 바탕으로 전략을 세워야만 성공에 가까워진다. 한마디로 매장은 생산자와 판매자 위주인 '팔 매'자의 '매장賣場'이 아니라 수요자와 소비자 중심인 '살 매'자의 '매장買場'으로 연출되어야 한다. 가령 장난감 매장이라면 주요 고객인 어린이 키에 맞게, 손에 닿게 바닥이나 낮은 층에 진열해야 하는 것이다.

본인이 장사할 동대문 시장이라면 그곳을 찾은 고객들과 모든 환경을 조사해서 구체적인 계획을 세울 필요가 있다. 명품을 좋아하는 백화점 고객들과 동대문 시장을 방문한 고객들은 씀씀이에서 어떤 차이가 있는지, 어느 정도 제품가를 적정가로 여기는지 등을 조사하고 분석해야 한다. 우리 매장이 패션 매장이라면 고객들이 어느 정도 수준에서 블라우스나 스커트를 사는지 등을 당연히 파악해야 한다. 파악을 마치면 판매 가격을 얼마로 정해야 할지 대략 답이 나온다. 최고치 금액과 최저치 금액을 잡아놓고 적정 판매가를 정하면 크게 손해 보는 일은 없을 것이다.

"급히 먹은 밥이 체한다."라고 했다. 아무리 바빠도 느긋하게 여유를 가져야 한다. 많은 생각과 구체적인 계획이 중요하다. 그것을 먼저 확립하려는 지혜가 필요하다. 다음은 죽는 한이 있어도 꼭 성공하겠다는 각오와 결심, 그리고 반드시 성공한다는 확고한 신념이다. 그 신념이 머리에 각인되면 뇌는 항상 곤두세워져 있다. 정신무장이 되어 있는 것이다.

나는 잡다한 생각을 할 겨를이 없었다. 장사에 성공해서 남의 빚을 갚는 게 우선이었다. 살아야 할 집도 사야 했다. 집은 나의 희망이자 각오였다. 장사해서 성공하려면 고객이 필요했다. 사람을 벌어야 했다. 돈이 먼저가 아니라 사람이 먼저였다. 결국에는 인맥이었다.

노력만이 위대함을 발견한다고 믿는다.
노력하는 사람만이 자신만의 가치를 찾고
행복의 길을 걸어갈 수 있다고 생각한다.

고객을 위해 내가 무엇을 해야 할 것인지를 먼저 생각했다. 내가 원하는 것을 얻으려면 이해하고, 포용하고, 토닥거리며 양보해야 한다고 생각했다. 그 생각대로 살았다. 어떤 굴욕도, 모욕도 참아냈다. 그러자 세월이 흐르며 인내력이 쌓였다. 그 인내력으로 다시 고객을 우선했다.

동대문 시장에 들어갔을 때, 절실한 기도 문구가 있었다. 평소에는 절실함이 없이 그냥 의무적으로 성당을 왔다갔다하던 나였다. 바쁘다는 핑계로 이따금 미사를 빼먹기도 하던 나였다. 그러나 의지할 곳 없으니 신에게 기댈 수밖에 없었다. 나는 절실한 심정을 메모지에 적어 매일 저녁 하느님께 기도드렸다.

"우리 아이들 세끼 밥 먹게 해주세요, 나를 위해 돈을 빌려주신 친지들에게 피해 가지 않게 빚을 갚을 수 있게 도와주세요. 우리 매장에 오시는 고객들께 장사 잘할 수 있게 지혜를 주시고, 좋은 상품과 히트 상품을 만들 수 있는 지혜도 주세요. 엄마, 남편, 세 아이들 건강을 허락해 주세요. 저에게도 건강만 허락해 주신다면 뼈가 가루가 되도록 노력하겠습니다."

간곡한 기도는 우리 가족이 따뜻한 세끼 밥의 행복과 빚을 갚을 수 있는 길로 이끌어 주었다.

기도를 하면서 나는 행동했다. 꿈속에서도 스카프, 거리를 걸으면서도 사람들이 몸에 두른 스카프만 보았다. 오로지 새롭고 창의적인 디자인을 만들어야 한다는 일념으로 스카프를 뇌리에 새겼다. 그러던 어느 날, 답답한 마음을 풀기 위해 하늘을 보았다. 멋지고 아름다운 구름이 떠 있었다. 그 구름의 형상이 디자인으로 구상되었다. 그리고 새로운 스카프 디자인이 탄생되었다. 그 경험은 경이로웠다. 절실함과 간곡함이 나의 정신세계를 지배한다는 것을 깨달았다. '오직 나만의 스카프!'라는 일념만 있다면 어떤 난관도 헤쳐 나갈 수 있겠다는 자신감이 붙었다. 그날 이후 나는 더욱 강해졌다.

'나는 위대하다. 나는 할 수 있다. 나는 새로운 창의적 스카프를 만들어 낼 수 있다.'

이 생각만으로 살아갔다. 이 생각만으로 나만의 스카프를 찾아다녔다. 그리고 결국 찾아냈다. 나는 매일같이 색다른 스카프를 만들어 낼 수 있었다. 절실함이 내게 능력을 선사한 것이다.

노력만이 위대함을 발견한다고 믿는다. 노력하는 사람만이 자신만의 가치를 찾고 행복의 길을 걸어갈 수 있다고 생각한다. 내가 그랬다. 사실 나는 장사의 원칙도 모른 채 무턱대고 장사를 시작했다. 그 바람에 갖은 고생을 다 했다. 그래도 노력하고, 성공하려 몸부림쳐서 이른바 '서민 갑부'가 될 수 있었다. 남의 아픔을 다독거릴 수 있는 마음의 여유도 얻었다. 인간다운 인간이 될 수 있었다.

요즘에는 정확하고 유용한 정보도 많다. 잘만 하면 나처럼 뼈저린 고행은 겪지 않으리라 생각한다. 노력을 가로막는 난관에 부닥쳤을 때 헤쳐나갈 수 있는 길이 그만큼 많아졌다는 뜻이다. 그러므로 장사에 성공하고 싶다면 노력하기를 바란다.

02

부자는 돈을 물 쓰듯
쓰지 않는다

많은 사람들이 부자들은 돈을 물 쓰듯 쓰는 줄 안다. 그러나 돈을 버는 과정에서 많은 고통과 고행을 겪고 부자가 된 이들은 돈을 귀하게 여긴다. 동대문 시장에는 배운 것도 없이, 돈도 한 푼 없이 빈 몸뚱이 하나로 시작해서 서민 갑부가 된 사람들이 대부분이다. 이들은 동전 한 닢도 허투루 쓰는 법이 없다. 그들은 먹고 싶은 것 안 먹고, 입고 싶은 것 안 입고, 허리띠 졸라매며 돈을 모은 사람들이다. 밑바닥에서부터 갖은 굴욕과 모욕을 견뎌내며 올라온 사람들이다. 이들은 돈의 진정한 가치를 누구보다도 잘 알고 있다.

부자가 되기 원한다면 먼저 체면을 버려야 한다. 안면몰수하자. "지금은 내가 이 모양 이 꼴이지만 두고 봐라. 내가 언젠가는 당신들

한테 성공한 모습, 진정한 나의 모습을 보여 줄 것이다." 하며 오기를
부려보자. 그 오기가 여러분에게 성공을 물어다줄 것이다.

구매 욕구를 억제하는 것도 기본이다. 즉 인내력이 필요하다. 돈
은 벌릴 때 더 부지런히 모아야 한다. 낭비는 절대 금물이다. 돈이 좀
모인다 싶을 때 지갑을 쉽게 열었다가는 다시 바닥으로 가라앉기 십
상이다. 낭비는 순간의 행복은 줄 수 있지만 결국에는 불행만을 초
래할 뿐이다. 꼭 필요한 데만 쓸 수 있는 혜안을 가져야 한다. 모으
기도 전에 버는 족족 다 써버린다면 평생 가난을 면하기가 힘들다.

'돈의 소중한 가치'를 깨닫게 되면 남의 돈도 아낄 줄 아는 사람
이 된다. 그런 사람은 남에게 함부로 돈을 쓰라는 말을 하지 않는다.
자기 돈이 아까우니 남의 돈도 아껴준다. 고객도 그런 마음가짐으로
대해야 한다. 고객의 돈은 무조건 뜯어내야 할 돈이 아니다. 돈의 가
치를 모르면 남에게 돈을 쓰도록 종용하고 유도한다. 그런 행동은 자
신을 어리석은 사람으로 만든다. 인정받지 못하고 대접받지 못한다.

어느 날 아는 작가님에게 전화가 왔다.
"제가 네트워크를 시작했습니다. 뒤늦게 공부해야 하는데 등록금
을 마련해야 합니다. 팔아 주셔야 해요. 믿었던 사람한테서 거부당
하니까 실망이 컸습니다. 작가님은 팔아주셔야 해요."
기분이 묘했다. 다른 사람을 비방하면서 나에게 사달라는 것이다.

어디서 어떻게 만든 상품이라는 소개도 없이 구걸하듯 강매하는 상황이다, 장사는 이렇게 하는 게 아닌데…….

"그래? 무엇이 있는지 알아야 사주지. 내가 필요한 것이 있을까?"

"상품이 너무 많으니까 내가 골라주는 것을 사시면 돼요. 몸에 좋은 영양제가 있는데, 육십만 원이거든요. 이걸 사주셔야 해요."

"어떻게 믿고 약을 함부로 먹어?"

"저를 믿으세요."

"사람이야 믿지."

"작가님, 학교나 학원에는 몇 백만 원씩 쓰는데, 그 가격에 비하면 내 것은 아무것도 아니지 않나요? 비교하는 것은 죄송한데요. 예쁘게 봐 주세요."

순간 기분이 좋지 않았다. 내가 돈을 버는 데 도와준 것도 아니고, 내가 어디에 얼마를 어떻게 쓰든 무슨 상관이람? 도저히 예쁘게 봐 줄 수가 없었다. 돈의 가치를 모르는 사람의 행동이었다. 자기 돈만 아깝게 생각하며 남의 돈은 아무렇게나 쓰여도 좋다는 그러한 사고방식은 누구에게든 사랑받지 못한다. 남의 돈의 가치를 묵살하는 그런 행동은 용납이 안 됐다. 나는 배움에 있어서는 필요하다고 느끼기에 아낌없이 쓴다. 작가님은 그 점을 보고 말한 것인데, 내가 내돈을 어디에 얼마를 쓰든 왈가왈부해야 할 일은 아닌 듯했다. 이건예의가 아니다. 판매하는 사람으로서 기본이 안 되어 있는 것이다 남의 지갑을 열게 하려면 그 고객에게 어떤 도움이 필요한지, 본인이 무엇을 도와야 하는지를 먼저 찾아내야 한다. 고객의 잠재적 욕구까지 정확하게 알아내야 한다. 자기 이익만을 추구하기 위해 혈안이 되어 있으면 고객은 멀리 달아나 버린다. 내 돈이 소중하면 남의 돈도 소중하다.

03

품위 있는 장사꾼이
되어야 한다

1984년 10월 15일, 우리는 동대문 광희시장 3층에 '수미사'라는 간판을 걸고 입점했다. 그 당시 내 나이는 서른일곱이었다. 동대문 시장에 처음 입점한 우리는 그야말로 낯설고 물설었다. 설립한 지 얼마 안 된 상가였다. 세금 고지서도 없었고, 세금 내는 곳도 없었다. 건물주한테 월세만 주면 되었다. 비교적 장사를 시작하기 쉬운 상가였다.

35년 전 일이다. 그때 동대문 시장은 어떠한 룰도 없었다. 질서도 잡히지 않았었다. 고객과의 다툼도 자주 일어나는 시장이었다. 교환, 반품의 갈등으로 종종 고성이 오가는 시장이었다. 나는 그 광경이 의아했다.

'고객과 싸워서 손해 보는 쪽은 상인인데, 왜 저렇게 언쟁을 벌

장사하는 사람이라면 고객을 최고로
모시려는 각오를 다지기를 바란다.
그 각오는 친절을 낳고, 신뢰를 낳고, 이익을 부른다.

이나?'

물론 불량고객도 있다. 그러나 결국에는 고객이 돈을 벌어 주는 것이다. 서로 언성을 높이며 싸운 다음 고객은 그 자리를 떠나면 그만이지만, 매장은 나쁜 인상을 심어줄 것이다. 즉 다툼 이후가 중요하다. 나는 이를 염두에 두며 고객과는 절대로 언쟁을 벌이지 말자는 마음을 먹게 되었다. 그리고 이렇게 다짐했다.

"비록 시장에서 먹고살기 위해 동대문 시장에 들어와 장사를 하고 있지만, 품위 있는 장사꾼이 되어야 한다."

다짐은 했지만, 동대문 시장에서의 장사는 생각보다 쉽지가 않았다. 성질대로 하면 매일매일 고객과 싸울 일만 있었다고 해도 과언이 아니다. 본인이 스카프를 사용하다가 립스틱을 묻혀 놓고 교환하러 오는 사람도, 다짜고짜 안 바꿔주면 안 된다며 덤벼드는 사람도 있었다. 나는 손해를 보면서도 싸우면 매장 이미지가 나빠질까 두려워 바꾸어주었다. 속은 아팠지만 참아내야 했다. 고객을 최고로 모시는 일은 애간장이 다 타들어가는 일이었다. 오죽하면 "장사꾼 똥은 개도 안 먹는다."라고 했을까?

나는 아예 마음을 바꿨다. 교환을 요구하는 손님에게 먼저 "미안합니다." 하며 교환해준 것이다. '고객을 최고로 모시자'는 나의 각오를 지키기 위한 방책이었다. 그렇게 하니 차라리 마음이 편했다.

한번은 고객 부주의로 찢겨진 스카프를 들고 온 손님에게도 미안함을 전하며 교환을 해주었다. 나는 사람의 양심을 믿었다. 자기 잘못은 자기가 가장 잘 알기 마련이다. 그 고객은 알고 있다. 본인이 잘못해놓고 교환하러 왔다는 것을. 그 상품은 판매할 수 없는 상태라 주인이 손해를 본다는 것을. 나는 그 손님에게 더욱더 친절을 베풀었다. 어차피 손해 보는 것, 커피까지 대접했다. 그런 친절을 받은 손님이 한층 양심의 가책을 느낄 것이라 믿었다. 나는 그 손님이 떠날 때 "다음에 또 찾아주세요."라는 인사를 건넸다. 결국 그 고객은 훗날 우리 매장의 단골이 되었다.

이와 비슷한 일들을 많이 겪으면서 비슷한 과정으로 단골들이 생겨났다. 사람의 양심을 믿은 나의 믿음이 열매를 거둔 것이다. 마음을 비우니 나도 행복해지고, 고객도 행복해졌다. 행복한 사람들이 늘어나자 수미사는 고객들로 붐볐다. 마음의 여유가 재물의 여유를 물고 온 것이다.

수미사에서는 말 그대로 고객이 왕이었다. 왕 대접 받은 고객은 만족을 느끼며 여유롭게 다가왔다. 품위 있는 고객이 되었다. 35년 전이나 지금이나 고객에게 왕 대접을 하면 통한다고 생각한다. 왕 대접을 받는 고객들 중 많은 수가 단골로 변할 것이다. 돈을 벌고 싶다면 철저하게 '나'를 낮추어야 한다. '나'를 낮추면 말 한마디도 조심하게 되고 또 고객을 향하게 한다. 고객은 그것에 신뢰를 보내기도 한다. 그렇게 되면 이익은 자연스럽게 따라온다.

나의 각오와 믿음을 철저하게 지키며 장사를 하자, 이를 바탕으로 고객을 대하자 친구가 늘어나기도 했다. 손님이 단골을 넘어 친구가 되어준 것이다. 그 '손님 친구'는 매장에서 판매를 도와주기도 했고, 다른 친구들을 데리고 와 매장에 활기를 불어넣어 주기도 했다. 우리는 함께 웃으며, 수다 떨며 희로애락을 즐겼다. 수미사는 고객들의 놀이터가 되었다. 매일 우리 매장에 출근 도장을 찍으며 일상을 즐기는 고객들이 늘어갔다. 이러한 환경 속에서 돈은 저절로 따라왔다.

한번은 물건을 몇 번씩 교환하러 온 손님이 있었다. 정말 애가 타고 속이 탔지만 그 손님에게도 끝까지 미소 지으며 친절을 베풀었다. 결국 고마움을 느낀 그 손님은 외국에서 장사하는 고객을 데려와 내게 친절을 되갚았다. 되레 더 많은 이익을 남겨주었다. 세월이 흐를수록 이처럼 친절이 돈이 되는 일을 자주 체험했다. 지금도 체감하고 있다. 물론 이렇게 되기까지 쉽지만은 않았다. 정말로 '참을 인忍'자가 마음에 곰삭는 시간이 필요했다. 그것이 잘 곰삭아 이제는 만면에 미소가 저절로 떠오른다.

"시장에서 장사 하실 분 같지 않으세요, 인상이 너무 좋으세요."

"어쩌면 그렇게 고우세요?"

"우아하고 품위 있어 보이세요. 시장에서 장사하시기는 아까우세요."

"교수님 같으세요."

"재벌집 사모님 같으세요."

내 자랑 같지만 이런 칭찬을 심심찮게 듣는다. 정말 오랜 시간과 인내의 결과다.

TV조선 뉴스에 출연하기 위해 무대에 오를 때였다. 여자 사회자가 나에게 던진 첫마디가 이랬다.

"어머! 저는 여성 장관이 출연하는 줄 알았어요."

"감사합니다."

동대문 시장에서 장사한다고 하니까 억척스러운 장사꾼의 전형을 상상했던 모양이다. 물론 내게도 그런 모습이 있었다. 하지만 35년 동안 동대문의 시간을 살아낸 나는 인내의 도사가 되어 있었다. 여성 사회자가 상상했던 그런 모습은 완전히 자취를 감추었다.

나는 수미사에서 35년 동안 고객과 좌충우돌하며 나만의 가치를 지켜왔다. 그 가치를 누군가에게 강요하지는 못해도 강조는 하고 싶다. 장사하는 사람이라면 고객을 최고로 모시려는 각오를 다지기를 바란다. 그 각오는 친절을 낳고, 신뢰를 낳고, 이익을 부른다. 온몸으로 체득한 수미사 사장의 가치를 깊게 새겨주기를 부탁한다.

04
평범하지만 특별한
수미사의 고객 서비스

어렵고 힘든 상황 속에서도 긍정의 꿈을 꾸며 살아가는 사람들이 있다. 실오라기처럼 가느다란 희망의 끈을 잡고 살아가는 사람들도 있다. 내일이라는 기대 속에 행복을 기다리는 사람도 있을 것이다. 그런가 하면 매사 불평과 불만을 갖고 부정적으로 살아가는 사람들도 있다.

긍정 속에서 희망의 꽃을 피울 수 있다는 사실을 모르는 사람은 없을 것이다. 그러나 막상 곤경을 만나면 긍정적으로 대처하기가 어렵다, 누가 옆에서 위로한답시고 "긍정적으로 살아가세요." 한다면 한 대 쥐어박고 싶은 심정이 들기도 할 것이다.

"너도 한번 당해 봐. 말처럼 긍정적으로 살 수 있나!"

대번에 이렇게 받아칠 수도 있을 것이다.

주변에서 힘겨워하는 사람을 만나면 그냥 따뜻한 차 한잔 마시며 그의 이야기에 고개를 끄덕거리며 들어 주는 것이 나을 것이다. 그것이 위로가 될 것이다.

그러나 어쨌든 성공하고 싶다면 긍정과 멀어져서는 안 된다. 성공! 말이 쉽지 현실에서는 낙타가 바늘구멍 들어가기만큼 어렵다. 성공하려면 내면에서부터 피를 토하듯 긍정의 힘을 끌어올려야 한다. 끌어올린 다음에는 목숨을 다해 전진해야 한다. 그러므로 지금 하고 있는 일이, 또는 하고자 하는 일이 과연 목숨 걸 정도로 좋아하는 일인가를 파악해야 한다. 긍정의 힘으로 시련과 역경에 맞서 싸워 이길 때만이 성공을 붙잡을 수가 있다. 비록 작은 성공이라도 그 성취감과 행복은 지속적으로서 도전할 수 있는 힘이 되어준다. 그 힘은 값진 자산이다.

긍정을 바탕에 두었다면 이제 창의력을 발휘해야 한다. 예술가와 같은 창의성이 부족하다면 장사하기 힘들다. 그 창의성은 먼저 디스플레이에 적용되어야 한다. 멋진 디스플레이로 시각적 효과를 발휘해야 고객을 끌어올 수 있다. 평범한 상품을 조화의 마술로 최고의 상품으로 보이게 연출해야 한다.

창의적인 디스플레이 방법 중 하나는 옆의 상품도 함께 돋보이게 하는 전시 효과 내기다. 가령 아무리 멋진 스카프도 의상과 조화를 이루지 못하면 멋진 스카프가 될 수 없다. 허름하게 보이는 스카프도 의상과 잘 어우러진다면 최고의 스카프가 될 수 있다. 다음은 코디 노하우다. 나는 35년이라는 스카프 제작 및 판매 경험에 힘입어 누구든 멋쟁이로 탄생시킬 수 있다. 손님을 보면 이론적으로 설명할 수 없는 코디 노하우가 감각적으로 우러나온다. 창의력을 발휘하려는 노력의 결과다.

고객을 편안하게 하는 일, 고객 불편을 최소화하는 일. 이것 또한 진정한 장사꾼이 해야 할 일이다. 고객들에게 행복과 기쁨을 선사하면 고객의 지갑은 절로 열리게 되어 있다. 고객에게 기쁨과 행복을 주는 일이야말로 가치 있는 일이고, 성공이다.

어린 시절의 혹독한 가난은 나로 하여금 돈을 벌어야 한다는 생각에 사로잡히게 만들었다. 장사를 시작하면서 신중하게 생각해 보았다.

'돈을 벌려면 어떻게 해야 할까?'

나는 배운 것도, 아는 것도 없었다.

'성공하려면 무엇부터, 어떻게 해야 하나?'

최대한 칭찬 모드로 고객에게 나아가야 할 텐데 쑥스러워 말이 안 나왔다.

입이 무거웠던 나는 고객들이 아부한다고 할까봐 입을 잘 벌리지도 못했다. 그저 차 한잔과 미소만 있을 뿐 별다른 서비스는 하지 못했다. 집에서 혼자 '립서비스' 연습을 해보기도 했다. 아무래도 아첨하는 것 같아 마음에 안 들었다. 말 한마디도 아름답게 서비스하는 곳을 찾기로 했다. 그래서 백화점으로 달려갔다. 아침 일찍 백화점 문이 열리는 시각 다른 고객들과 입장했다. 백화점 직원들이 90도 각도로 허리 숙여 인사하는 모습에 황송함을 금할 길이 없었다. 인사가 기본이라는 생각이 들었다. 항상 고객을 맞을 준비가 되어 있다는 마음가짐이 담긴 인사야말로 최고의 고객 서비스라는 것을 깨달았다.

"안녕히 가세요. 감사합니다."

백화점 직원들은 내가 구경만 하고 나가도 친절하게 인사를 건넸다. 그 당시 우리 동대문 시장과는 하늘과 땅 차이였다.

나는 우리 매장도 백화점처럼 친절해야겠다고 결심했다. 그리고 그 결심을 실천에 옮겼다. 실천은 효과를 보았다. 나의 부드러운 성품에 바탕을 두고 진정성으로 고객을 대하는 것을 수미사의 원칙으로 삼고, 그 원칙대로 고객을 대했더니 단골이 대폭 늘어났다.

나는 사람을 나쁘게 보지 않는다.
나는 오로지 다른 사람의 장점만을 말한다.

_ 데일 카네기

나는 고객의 장점을 찾는 데 노력을 기울였다. 장점을 찾으려 노력하니 장점만 보였다. 고객의 장점을 찾아서 칭찬했을 때, 고객은 행복해했다. 고객이 행복을 느끼니 나도 성공할 수 있다는 자신감이 생겼다. 물론 나도 행복했다. "말 한마디에 천냥 빚을 갚는다."라는 옛말이 실감났다. 말 한마디 제대로 못 건네던 내가 칭찬을 건네자 고객이 점점 늘어났다. 기적이 일어난 것이다. 노력이 기적을 만들어낸 것이다.

동대문에 들어오기 전, 사글세를 살았다. 어떻게든 우리 가정을 일으켜 세워야 한다는 일념뿐이었다. 세 아이들과 먹고살아야 한다는 생각 외에 아무것도 머리에 들어오지 않았다. 그렇게 빈손으로 동대문 시장에 들어갔다. 비록 초등학교 출신이었지만 고등교육 받은 사람처럼 품위를 지켰다.

장사는 하면서 친정아버지의 가르침을 늘 마음에 새겼다.

"너는 이씨 왕손李氏 王孫의 딸이다."

"항상 몸가짐이 단정해야 한다."

"항상 정직하게 살아야 한다."

"선한 끝은 있어도 악한 끝은 없다."

이 가르침을 지키며 죽을 각오로, 피눈물을 흘리며, 밤잠도 줄이면서 노력했다. 그런 체험을 했으니, 죽음도 불사한다면 누구나 성공할 수 있다는 말을 해주고 싶다.

05
목구멍이 포도청이라도
상도의를 지켜라

처음 동대문 시장에 들어갔을 때는 못 배우고 못사는 사람들이 많았다. 그래도 인심은 좋았다. 먹고살기 위해 억척스럽게 장사하며 살아가지만 마음씨는 다들 좋았다. 그런 사람들이기에 상도의도 대부분은 잘 지켰다. 이따금 경우에 벗어나는 행동을 하는 사람도 있긴 했지만.

우리가 장사하던 시절 동대문 시장은 제품을 생산해서 파는 시장이라기보다는 수출하고 남은 상품을 구매해다 파는 시장에 가까웠다. 흔히 말하는 보세 덤핑시장이었다. 간혹 의류 제조 공장에서 그렇게 남은 옷들이 수천 장씩 쏟아져 나오는 경우가 있다. 그러면 동대문 시장의 여러 매장들이 그 옷을 나누어서 팔게 되고, 똑같은 옷을 여러 개 매장에서 동시에 취급하는 일이 생긴다. 이때 불문율이 있다. 바로 옆 가게나 친한 사이일 경우 똑같은 옷은 서로 피해주는 것이다. 이것이 동대문 시장의 상도덕이자 의리였다.

우리 바로 옆 가게는 남자 셔츠를 파는 매장이었다. 그런데 어느 날 우리 상품과 똑같은 원피스가 걸려 있었다. 너무나 황당했다. 오히려 우리가 민망해서 쳐다볼 수가 없었다. 목구멍이 포도청이라고 해도, 아무리 살기 힘들다고 해도 어떻게 같은 상품을 바로 옆에 걸어놓고 팔 수 있을까? 기가 막혔다. 남편이 그 집 사장님에게 물었다.

"어떻게 된 일입니까?"

사장님이 대답했다

"네. 공장에서 팔아 달라고 해서요."

남편은 아무 말도 하지 않았다. 우리는 우리 상품을 걷어서 구석에 넣어버렸다. 그 상품 팔아 팔자 고치는 것도 아닌데 어찌 돈 몇 푼 벌자고 저럴 수가 있을까 싶었다. 우리가 원피스를 치워버리자 평소 친하게 지냈던 옆집 사장님은 별말 없이 멋쩍어만 했다.

그 당시 우리는 장사가 잘되어 호황을 누리고 있었다. 옆에서 보기에 잘되니까 그 사장님은 같은 것을 구매해 와서 팔려고 한 것이다. 그런데 우리는 산더미처럼 쌓아놓고 판매했다. 옆 매장은 몇 십 장 가져왔을 뿐이라 구색이 맞지 않아 잘 팔리기 어려웠다. 옆집 사장님은 그 점을 놓쳤던 것 같다.

만약 우리가 원피스를 계속 진열해두었다면 옆 매장은 원피스 가격을 낮췄을 가능성이 높다. 그렇게 하면 남의 장사를 망치는 행동이 되어버린다. 그런 일을 사전에 막기 위해 우리는 똑같은 상품을 얼른 숨겨버렸던 것이다. 실제로 그런 일이 일어난다면 우리 매장은 물론 시장 전체가 신용을 잃어버리고 만다. 옆집 사장님의 심정을 전혀 모르는 바는 아니었다. 오죽 장사가 안 됐으면 그랬을까 싶었다. 하지만 상도의를 어긴 이상 친근한 이웃 관계를 계속 유지하기는 어려웠다. 이웃을 잃어버리는 안타까움은 장사에서 손해를 보는 아픔보다 더 컸다.

우리는 공장으로 상품을 사러 갔다가도 이웃 가게에 같은 상품이 있으면 피했다. 이익을 보지 못하더라도 상도의를 지키는 쪽을 택한 것이다. 그것은 상인들 간의 의리와 신의를 지킨다는 의미가 있었다. 그러한 선택이 당장은 힘겨움으로 다가올지라도 종국에는 행복으로 가는 길이라 여겼다.

몇 달이 지나자 옆집 사장님이 남편을 만나자고 했다. 사장님은 장사를 그만두고 나가려는데 매장을 사지 않겠냐고 제의했다. 더 버틸 수 없어서 나간다는 사연을 들으니 안타까웠다. 그 사장님은 매장의 재고까지 부탁했다.

"장사도 잘 되시는데 우리 재고도 팔아주시면 안 될까요?"

마침 우리는 매장이 작아서 확장하는 것을 계획하고 있었다. 그래서 사장님의 제의를 받아들였다. 재고를 받는 것까지.

이익을 보지 못하더라도 상도의를 지키는 쪽을 택한다.

그것은 상인들 간의 의리와 신의를 지킨다는 의미가 있다.

그러한 선택이 당장은 힘겨움으로 다가올지라도

종국에는 행복으로 가는 길이라 여겼다.

"알겠어요, 모두 인수할게요."

장사 제대로 못하고 나가는 모습이 안쓰러워 모든 재고를 구매했다. 가격도 후하게 쳐주었다. 인수 과정에서 미움도 야속함도 다 사라져버렸다. 같은 상인으로서 동병상련이 작용한 듯하다. 지금은 그 사장님이 어디서 어떻게 사는지 궁금하다.

옆집 사장님의 실패 원인 중 하나는 우리를 곧이곧대로 따라 한 것이다. 우리 매장에서 잘 팔리는 상품이니 자신의 매장에서도 잘 팔릴 거라고 생각했던 것이 실수다. 남이 잘된다고 그저 따라 하기만 하면 장사에 성공하기 어렵다. 고객의 취향은 각양각색이다. 그 다양한 취향을 만족시킬 수 있는 상품을 선택해야 한다.

지난해 가을, 박사 공부를 하고 싶어 원서를 냈다. 그리고 합격했다는 소식을 받았다. 내가 박사 공부를 하다니! 꿈인지 생시인지 분간할 수 없을 만큼 기뻤다. 중학교만이라도 다녀 봤으며 원이 없다고 생각했던 내게 기적이 일어난 것이다.

나는 그 기적을 이어가기 위해 열심히 공부했다. 그러다가 얼마 전 평생교육원에 스피치를 배우러 다니기로 계획을 세웠다. 그런데 장소를 알고 보니 거리가 너무 멀었다. 전철로 1시간도 더 걸렸다. 게다가 스피치 수업이 저녁이라 집에 오면 12시가 다 될 지경이었다. 박사 공부가 우선이라 스피치는 나중에 해야겠다고 생각했다.

그런 내게 첫 번째 여인이 말했다.

"스피치 저도 등록했어요. 같이 공부하고 싶어서요."

두 번째 여인도 말했다.

"저도요."

나는 두 여인에게 손사래를 쳤다.

"나 너무 멀어서 못 가."

그러자 두 여인이 펄쩍 뛰었다.

"안 돼요! 오신다고 해서 우리 등록 했어요. 얼른 등록하세요. 꼭 하셔야 해요!"

아, 어쩌나? 망설이던 나는 스스로에게 말했다.

"순희야! 뭘 어째? 간다고 했으면 가야지. 한마디 말에도 책임을 지는 순희잖아. 그냥 다녀. 배워서 남 주니?"

결국 나는 마음을 돌려 평생교육원에 등록했다. 조금 더 고달프게 살면 된다는 마음으로. 스피치 교육은 3개월이면 끝난다. 나는 3개월만 고생하고 나서 박사 공부를 더 열심히 하기로 했다. 내가 스피치를 배우기로 결심한 건 같이 공부하기로 약속한 두 여인과의 신의를 지키기 위해서였다. 그 신의를 저버리면 평생 마음이 무거울 것 같았다.

이렇게 신의를 지키는 것이 인정받는 길이라고 생각한다. 인정받는 사람에게 성공은 멀지 않을 것이다. 나는 이 명제가 장사에도 통한다고 믿는다. 신의를 어기는 상인은 인정받을 수 없고, 장사에서 성공할 수 없다. 그런 까닭에 상인에게 상도의는 중요하다. 상도의를 지키는 삶이 상인의 올바른 삶이다.

손님은 없어도
장사는 잘됩니다

나는 한 번 정한 가격에는 에누리가 없었다. 어느 누가 와도 정확한 도매가격에 판매했다. 나만의 원칙이자 고집, 또한 상법이었다. 많은 고객을 접하기에 가격이 일정하지 않고 들쭉날쭉하면 단돈 백 원이라도 비싸게 산 고객은 기분이 나쁠 것이다. 마음 상한 고객은 제아무리 단골이어도 발길을 끊게 된다. 나는 단골이 떨어져 나가는 것을 막으려고 나만의 상법을 고수한 것이다. 오너라면 주도적으로 사업을 이끌어 나가야 한다. 나에게는 가격을 지키는 것이 주도적인 사업 방법의 하나였다.

고객 한 사람을 단골로 잡기 위해 나는 일정한 가격으로 판매하면서 고객에게 사은품을 제공했다. 그렇게 일관성을 유지하자 고객도 물건값 깎는 것보다 사은품 받는 것을 더 좋아했다. 누구라도 어떤 매장에서 단돈 천 원이라도 비싸게 샀다는 걸 알면 그 매장은 가기 싫어지기 마련이다. 나 역시 비싸게 산 것을 알고 상당히 기분이 상했던 적이 있다. 때문에 수미사에서는 가격 고정을 철칙으로 삼았다.

나는 불량 고객에게도 친절했다. 매번 교환하러 왔다는, 〈3. 품위 있는 장사꾼이 되어야 한다〉에서 소개한 고객 이야기다. 어느 날 그 고객이 동행인과 찾아왔다. 고객은 그를 호주에서 규모가 큰 매장을 운영하는 사장이라고 소개했다. 그러면서 매장을 또 하나 개업할 예정이라는 말을 꺼냈다.

"여기 수미사 여사장님처럼 장사하시면 성공합니다. 정확하고 단호한 가격, 친절함과 마음에서 우러나오는 진정성에 손님들이 늘 푸근함을 느낍니다. 상인의 투철한 정신은 저도 닮고 싶을 정도구요, 하루도 빠지지 않고 매장을 지키며 단골고객 관리를 잘하고 계십니다."

뜻밖에도 고객은 내 칭찬까지 줄줄 늘어놓았다. 더 놀라운 것은 동행인이 예상 외로 많은 상품을 구매해갔다는 것이다.

그 고객은 자기가 불량 고객인 줄을 알고 있었다. 그런데도 수미사가 진심 어린 친절을 베풀자 감동을 받은 모양이었다. 나는 그 고객을 통해 큰 보람을 느꼈다. 내가 귀하게 여긴 가치가 진짜로 귀하다는 것을 인정받은 기분이 들어서였다.

많은 고객을 상대하다 보면 부정적 성향의 고객도, 늘 불만에 차 있는 고객도, 시비를 걸으려 전투태세를 하고 있는 고객도 만나게 된다. 상인이라면 누구나 싫어하는 타입이다. 나는 오히려 그런 고객들에게 더욱 친절을 베풀었다. 그 친절이 나에게 행복으로 돌아왔다. 행복한 나는 불행한 사람을 행복으로 이끌어 주었다는 자부심마저 갖게 되었다.

우리 매장 앞에 지나가는 시장 사람이나 고객들은 매장에 있는 나를 보며 인사를 한다.

"안녕하세요? 장사 잘되시지요?"

"네, 잘됩니다."

"수미사는 늘 장사가 잘되나봐요?"

"네, 많은 분들이 도와주셔서 잘됩니다. 감사합니다."

나는 늘 함박웃음을 지으며 인사를 받았다.

누가 장사 잘되냐고 물으면 거의 대부분의 상인들은 이렇게 대답한다.

"장사 안 돼요."

일종의 겸손이나 미덕일 수도 있다. 그러나 잘못된 생각이다. 장사꾼은 장사가 늘 잘되는 것처럼 행동해야 한다. 안 된다 안 된다 하면 정말 안 되는 수가 있다. 반대로 잘된다 잘된다 하면 진짜로 잘될 수 있다. 말하는 이의 마음도 즐겁고 듣는 이들도 즐거워한다.

내가 늘 장사가 잘된다고 이야기하니까 "수미사는 장사가 그렇게 잘된대." 하고 소문이 났다. 그리고 소문은 이렇게 바뀌었다.

"부자 됐대. 수미사는 이런 불경기에도 장사가 그렇게 잘된대. 운이 텄어."

소문 속에서 우리는 부자가 되어 있었다. 실상은 애간장이 녹아내릴 지경이었다. 이자 보내야지, 곗돈 내야지, 하루하루를 빠듯하게 살아가고 있었다. 그러나 나는 내색하지 않았다. 오히려 입꼬리를 더 올리며 늘 미소를 지었다.

환하게 웃음 띤 얼굴을 행운은 그냥 지나치지 않았다. 우리 매장에 머물렀다. 장사가 진짜로 잘되기 시작한 것이다. 달리 생각하면 늘 찡그리며 안 된다고 불평하면 불운이 친구 되자고 하며 머물 것이다. 행운도 웃음 띤 얼굴을 좋아하는 것 같다.

큰딸은 정리정돈을 잘한다. 늘 깔끔하고 단정하다. 큰딸이 한번 움직이면 매장 역시 티끌 하나 없이 정리정돈이 잘된다. 벽에 걸려 있는 스카프도 가지런하게 디스플레이된다. 흐트러짐이 없어 보기에 좋다.

그러나 보기에 좋다 해서 장사에도 꼭 좋지만은 않다. 고객은 정리가 지나치게 잘되어 있는 매장에는 잘 들어가지 않는다. 매장이 완벽할 만큼 깔끔하면 주인도 너무 깔끔을 떨 것 같아 부담스럽기 때문이다. 제품을 만져보고 이것저것 들었다 놨다 하면서 사고 싶은 것을 편하게 골라야 하는데, 주인이 그런 행동을 싫어할까봐 꺼려지는 것이다.

딸에게 매장을 맡기고 외출했다 돌아온 나는 물건을 몇 개씩 꺼내어 일부러 흩트려 놓는다.

"엄마는 내가 힘들게 진열해 놓았는데, 왜 흩트려 놓아요?"

"이렇게 깔끔하면 고객이 안 들어와요. 너무 깨끗해서 고객이 못 들어와! 너도 깨끗하고 정리정돈이 잘되어 있는 매장에 들어가려면 부담스러울 거야. 엄마는 고객이 없을 때 혼자서 스카프 매는 법을 연구하고, 컬러도 매치시켜 보고, 그렇게 패션쇼를 하다 보면 고객이 저절로 모여든단다!"

나는 기회 삼아 딸에게 강의를 한다. '무엇을 어떻게 해야 고객과 더 좋은 관계를 유지할 수 있을까'가 강의 주제다.

"고객이 없을 때는 디스플레이도 바꾸어 보고, 어떤 컬러와 매치했을 때 함께 빛을 발하는지도 연구해 보고, 내가 고객이 되어 매장 앞에서 우리 스카프가 눈에 잘 띄는지도 생각해보는 거야. 내가 손님이라면 우리 매장에서 어떤 것을 살 수 있을까 한번 생각해 보는 것도 좋은 방법이지."

디스플레이도 매일 바꿔야 한다. 우리 매장에 방문했던 고객이 며칠 지나 또 방문했을 때 똑같은 스카프가 그냥 그대로 걸려 있으면 장사가 안 되는 매장으로 보이기 때문이다. 장사가 늘 잘되는 것처럼 보이려면 디스플레이에 매일 변화를 주어야 한다. 위에 걸어서 멋지게 보이는 상품이 있는가 하면 아래에 진열할 때 생각보다 허접하게 보이는 상품도 있다. 디테일하게 보여줄 상품은 아래쪽에 내려놓는 게 좋다. 디스플레이를 자주 해봐야 이런 안목이 생긴다.

07

디자인에는
원칙이 없다

백화점 명품점을 찾았다. 명품 브랜드의 컬러들은 색감 자체가 노력의 흔적이 보인다. 같은 빨강이라도 여러 가지 색을 조합해서 컬러의 밝기를 조절했다. 예를 들어, 빨강 한 가지만으로 염색하기보다는 반대색인 초록을 한 방울을 떨어트려 혼합하면 깊이 있는 빨강이 나온다. 약간의 검정을 섞어도 빨강의 느낌이 다르다. 샘플 염색을 해보면 색도를 감지할 수가 있다. 결국 노력을 해야만 다양한 색감의 컬러를 만들어낼 수 있다는 얘기다.

나는 젊었을 때는 빨강, 파랑, 검정 컬러는 전혀 안 입었다. 상품을 제작할 때도 강렬한 빨강이나 파랑, 검정은 피했다. 거의 다 파스텔 톤으로만 만들어 팔았다. 카키, 그레이, 아이보리 등 은은한 컬러의 옷이나 스카프를 제작했다. 보편적인 컬러와 디자인은 크게 재

내가 미처 생각하지 못했던
창의적인 아이디어가 세계적으로 뻗어나간다.
디자이너로 성공하려면
자신의 생각을 바꾸는 수밖에 없다.
그래야만 창의력이 생긴다.
남을 따라 해서는 후발 주자에만 머물 뿐이다.

고가 남지 않았다.

그러나 지금의 나는 변했다. 강렬한 빨강과 파랑 등이 좋아졌다. 나이를 먹으면 좋아하는 컬러와 디자인도 달라지는 모양이다. 젊었을 때는 빨강 하면 이질감이 매우 컸었다. 그런데 내가 왜 변했을까? 왜 빨강, 파랑 같은 원색이 좋아진 걸까?

심리학적으로 마음이 행복하고 기쁠 때는 밝은 색상이 좋아진다고 한다. 나는 뒤늦게 학교를 다니면서 행복을 만끽하고 있다. 마음이 밝고 기쁘니 색상도 따라서 밝아지고 있었다. 중고등 검정고시만 통과해도 원이 없겠다던 나였다. 그런데 대학까지 입학하니 이 세상 어느 누구도 부럽지가 않았다. 마냥 행복했다. 나 자신의 사례를 통해 디자이너가 행복한가 불행한가에 따라 컬러와 디자인이 바뀔 수 있다는 것을 깨달았다.

잘사는 나라일수록 색채가 화사하다고 한다. 반면 못사는 나라일수록 색채가 칙칙하다고 한다. 옷차림에서 드러난다. 먹고살기에 바빠 어두운 색깔의 옷을 입고 무난하게 아무 장소나 갈 수 있는 색감을 선택하게 되는 것이다. 색채는 환경의 지배를 받는다. 우리나라도 점점 부자 나라가 되면서 화사한 컬러로 서서히 바뀌어가는 것을 느낄 수가 있다. 한 예로, 예전에 잘 팔렸던 그레이, 베이지, 카키는 요즘은 찾아보기가 힘들 정도이다.

미국의 기업 팬톤에서는 한 해 동안 유행이 예감되는 컬러를 다각도로 연구해 올해의 컬러를 지정한다. 지정된 컬러들은 전 세계에 전달되고, 각국의 디자이너들이 이를 디자인에 반영한다. 세계가 지구촌으로 한마을이 되면서 컬러나 디자인도 함께 가게 된 것이다. 지구가 하나가 되어 같은 컬러를 공유하면서 패션의 유행도 나란히 가고 있다. 다만 디자이너라면 이 흐름 안에서 창의적이고 독보적인 디자인을 창조해야 한다. 디자인이란 자신이 유행시키면 되는 것이다. 보편의 틀을 지키면서 창의성이 돋보이는 디자인은 고객의 마음을 사로잡을 가능성이 높다.

남을 따라 하는 시대는 오래전에 지나갔다. 나만의 개성이 있어야만 살아남을 수 있다. 디자인이나 패션의 세계는 더욱 그러하다. 혼자만의 힘으로 부족하다면 협업도 좋다. 여러 사람이 머리를 맞대면 훌륭한 디자인이 나올 수 있다. 과거의 나는 협업을 반대하는 쪽이었다. 잘되면 서로 욕심이 생겨서, 안 되면 서로 탓을 하다가 다툼이 생겼다. 그러나 지금은 찬성한다. 협업이 안 되면 살아남기 힘든 세상이기 때문이다. 유행은 너무나 빠르게 변화하고, 뛰어난 인재들이 많아져 경쟁은 심화되는 등 여러 면에서 혼자는 벅차다.

창의적인 디자인을 하려면 자신의 생각부터 바꿔야 한다. 백화점에 가보자. 어마어마하게 많은 상품들 중에 본인 취향은 아닌데 고

객들에게 환영받는 디자인이 얼마든지 있다. 본인 취향만 고집하다가는 낭패 보기 십상이다. 나는 개인적으로 주름지고 부풀어 오르는 듯한 디자인을 싫어한다. 그런데 일본의 이세이 미야케イッセイ ミヤケ, Issey Miyake는 이 디자인으로 세계를 '주름잡은' 브랜드다. 이세이 미야케는 소재는 최고급이고, 디자인은 독창적이고, 여름에 입으면 시원하다. 하지만 엄청 비싸서 서민들은 감히 엄두도 못 낼 정도인데, 돈 많은 사모님들은 보란 듯이 입고 다닌다. 세상은 이렇게 돌아가고 있다. 빈부격차의 어두운 면을 말하려는 게 아니라 독창적인 디자인의 가치를 말하는 것이다.

이세이 미야케처럼, 내가 싫어하는 디자인이 유행하고 있다. 내가 미처 생각하지 못했던 창의적인 아이디어가 세계적으로 뻗어나간다. 디자이너로 성공하려면 자신의 생각을 바꾸는 수밖에 없다. 그래야만 창의력이 생긴다. 남을 따라 해서는 후발 주자에만 머물 뿐이다.

디자인에는 원칙이 없다. 다만 디자인하고자 하는 대상을 정하고, 그것을 목표로 삼으면 한결 유리하다. 나에게는 그것이 스카프였다. 나는 스카프에만 꽂혀 살았다. 그 선택이 성공으로 안내해 주었다.

chapter 2

못 배운
사람들의
성공 원칙

01

디자인의 '디'자도
몰랐지만

아직까지는 우리 사회에서 성공하려면 고학력이 유리한 게 현실인 것 같다. 학력 위조나 경력 조작, 논문 표절 등이 여전히 심심찮게 일어나는 걸 보면 부정하기 어려울 것이다.

나도 학력 조작 비슷한 행동을 한 이력이 있다. 사회생활을 시작하며 신세계 백화점에 취직하기 위해 친구의 중학교 졸업장을 빌려서, 남의 이름으로 취직한 적이 있다. 어린 나이에 얼마나 불안했었는지 모른다. 신분을 속이는 큰 죄를 저지른 것도 아팠지만 내 이름 석 자를 떳떳하게 쓰지도 못하는 것도 몹시 아팠다. 곰곰 생각해 보면, 이러한 죄의식과 괴로움이 60세가 넘었어도 나를 공부에 매달리게 하는 사유가 된 듯하다.

처음 동대문 시장에 장사하러 들어갔을 때 직접 디자인을 해보겠다는 생각은 전혀 갖지 못했다. 나는 초등학교밖에 졸업 못한 무식쟁이였기 때문이다. 못 배우고 아는 것도 없는 내가 디자인을 한다는 것은 상상 밖의 일이었다. 그런데 장사가 잘되면서 판매할 상품이 모자랐다. 디자인의 '디'자도 모르는 내게 디자인에 대한 욕심이 조금씩 꿈틀거렸다. 물론 자신감은 전혀 없었다. 나는 그 고민을 남편에게 털어놓았다.

"당신은 할 수 있어. 도전해봐."

뜻밖에도 남편이 믿어주고 격려해주었다.

"내가 할 수 있을까?"

"당신이라면 충분히 할 수 있어."

남편의 말에 힘을 얻은 나는 잘 팔리는 디자인을 골라서 약간씩 변형을 주면서 샘플을 만들어 보았다.

"우와, 멋있는데! 이 정도면 충분히 팔릴 거야. 역시 당신은 재능이 있어."

남편은 나를 칭찬하면서 신이 났다.

"나도 할 수가 있네. 이럴 수가!"

나는 스스로에게 놀랐다. 정말 할 수 있겠다는 자신감도 생겼다. 지금껏 수많은 상품을 구매해서 직접 판매해왔기에 우리 매장에서는 어떤 디자인, 어떤 컬러, 그리고 어떤 소재가 잘 팔릴지 예측이 가능했다. 그 예측대로 디자인하면 되겠다는 생각이 들었다.

그 당시에는 수출하고 남은 원단들이 많이 있었다. 그런데 다른 상인들은 수출품의 컬러와 디자인을 선호하지 않았다. 나는 수출품의 은은하면서도 심도 깊은 컬러에 매료되었다. 디자인 역시 마음에 들었다. 살아서 움직이는 듯한 역동적인 디자인에 한눈에 반하면서 잘 팔릴 것이라는 예감에 수출품 원단을 많이 사들였다. 그러는 동안에도 다른 상인들은 수출품 원단에 별 관심을 두지 않았다. 그 컬러와 디자인을 어색해하며 외면했다. 그들의 외면에 나는 속으로 쾌재를 불렀다. 사는 사람이 나뿐이니 저렴한 가격에 구매할 수 있었기 때문이다.

한 컬러에 원단 양은 500마가 넘었다. 스카프는 500장, 원피스는 150장이 넘게 나올 양이었다. 많은 수량이었지만 자신이 있었다. 내가 좋아하는 컬러라면 다 사들였다. 지금 생각해도 어떻게 그렇게 대담할 수 있었는지 놀라울 뿐이다.

지금 생각하니, 수출품 원단의 살아 있는 듯한 역동적인 디자인은 색의 도수 차이였다. 예를 들어, 꽃 그림의 색의 도수가 1도일 때는 평면도의 그림이라고 하면, 4도 이상 다른 색으로 겹치면 입체 그림이 되는 이치다. 그때 꽃 그림은 살아 있는 꽃으로 보인다. 세계적인 명품 스카프 에르메스는 평균 30도에서 45도까지의 색도를 쓴다고 한다. 그것도 기계 작업이 아닌 핸드 프린트로 정확하게 제작한다. 신세계 백화점에서 장인이 직접 작업 시연을 하기도 했었다.

장사에서 학력, 스펙은 중요하지 않다. 디자인을 할 때도 학력 따위는 필요 없다. 적어도 나의 경우에는 그랬다. 중요한 것은 의지, 노력, 자신감이다. 그리고 경험이다. 실패를 거듭해도 인내하며 다시 도전하면 어느 순간 성공 노하우가 쌓인다. 내게도 경험은 최고의 선생님이었다. 그 선생님 덕분에 나 자신을 믿을 수가 있었다. 성공의 길에 들어설 수 있었다.

가슴으로 하는 장사

동대문 시장에서 장사할 때 남편은 공장관리를 맡았다. 아이템 선정에서부터 디자인 선택, 디스플레이, 입금 및 지출 관리, 고객 관리와 판매는 내가 도맡았다. 대다수 고객이 여성이었기에 여성인 내가 고객을 응대하는 것이 유리했다. 고객들은 편한 여주인의 안내를 받아 자유롭게 수미사에 들어와 옷을 갈아입으며 패션쇼를 했다.

요즘은 창업을 꿈꾸는 이에게 사업계획서 작성부터 손익 분석, 아이템 선정, 영업 전략 등 창업자가 꼭 알아야 할 필수 지식을 알려주는 회사도 있다. 상권 분석, 입지 선정, 간판 설치 및 홍보, 접객 서비스 요령까지 장사에 필요한 모든 것을 제시해 주는 회사도 많다. 그당시에 우리가 상권 분석과 입지 선정에 대해 지도를 받았다면 수미사의 자리를 선택하지 않았을 것이다. 우리 가게는 맨 구석, 앞뒤가

다 막힌 코너였었다. 나의 자신감만을 믿고 무작정 시작한 장사였다.

가게 사장님과 전부터 알고 지낸 사이라 믿고 인수받아 장사를 시작했다. 자금을 차용해서 시작한 장사였으니 매우 조심스러웠다. 그래도 담대하게 행동했다. 어차피 벌린 일이니 자신감을 갖고 힘차게 하자고 스스로를 다독였다.

우리 가게는 고개를 내밀어야 보이는, 아주 깊은 구석의 아주 작은 가게였다. 장사를 해보니 시장 어귀 맨 앞의 가게는 고객들이 대체로 그냥 지나친다는 사실을 알아냈다. 구석이라는 안 좋은 입지 조건이 크게 슬퍼할 일만은 아니었다. 나는 고객 관리는 머리로 하는 것이 아닌 따뜻한 가슴으로 하는 것이라 믿으며 힘을 냈다. 그리고 우리 매장을 찾아준 고객에게 진정한 감사가 담긴 말 한마디와 따뜻한 커피 한잔을 서비스했다. 상품을 사지 않고 나가는 고객에게는 더 큰 친절을 베풀었다. 그러자 어느 순간 웅덩이에 작은 피라미들이 떼를 지어 맴돌듯 우리 매장 앞에 많은 고객들이 모여들었다. 나의 친절에 감동한 고객들이 단골로 자리 잡기 시작했다.

미소 띤 얼굴

커피 대접

좋은 친구 만들기

다른 곳과 다른 창의적인 상품 만들기

무조건 교환, 반품 받아주기

팔려고 노력하지 않기

이상은 나의 6가지 고객 관리 지침이다. 나는 하루도 빠짐없이 이 지침을 철저히 지켰다. 주인인 내가 없을 때 고객이 실망하고 돌아가는 일이 없도록 가게도 비우지 않았다. 그러다 보니 아플 시간도 없었다. 나는 아프지 않도록 늘 정신무장을 단단히 했다.

훗날 "한 사람의 고객 뒤에는 보이지 않는 250명의 잠재고객이 연결되어 있다."라는 '250명의 법칙'을 알게 되었다. 미국에서 자동차를 판매하며 '슈퍼 세일즈맨' 칭호를 받은 조 지라드Joe Girard가 결혼식과 장례식에 참석하면서 깨달았다는 마케팅 학설이다. 나의 장사법은 이 마케팅 학설과 잘 맞아떨어지는 것 같다. 한 명의 고객에게 베푼 친절은 다른 고객을 불러들였다. 친절은 아무리 강조해도 지나치지 않다.

하지만 친절만으로는 부족하다. 전문성도 반드시 갖춰야 한다. 나는 우리 매장의 상품들과 원단의 종류 및 특성에 대해 훤히 꿰뚫을 만큼 공부했다.

"이 원단은 재질이 무엇인가요?"

고객이 이렇게 물었을 때 주인이 몰라서 머뭇거리면 신뢰감이 떨어진다.

나의 장사법은
마케팅 학설과 잘 맞아떨어지는 것 같다.
한 명의 고객에게 베푼 친절은 다른 고객을 불러들였다.
친절은 아무리 강조해도 지나치지 않다.

"네, 이 원단은 합성섬유가 아닌 천연섬유 실크입니다. 피부에 친화적이라 아토피, 알레르기, 건성 피부에 좋습니다. 중국의 한 의학 보고서에 따르면 200명의 피부병 환자에게 실크 속옷을 권했더니 85%가 완치 되었다고 하네요. 실크는 통풍이 잘 되고 보온력이 좋아 포근하고, 따뜻하고, 가볍습니다. 그리고 환경 친화적인 천연섬유는 재질이 사람 피부와 가장 비슷해서 부작용이 없습니다."

"이 원단은 마직이라고 하는데 마麻 잎이나 줄기로 만든 원사예요. 여름에 가장 시원한 원단입니다. 통풍이 잘 되고, 피부에 달라붙지도 않고, 손세탁도 가능해요."

이러한 대답들은 고객에게 신뢰를 심어준다. 자세하고 친절하게 설명을 받은 고객은 단골 고객 명단에 이름을 올리게 된다. 주인은 자신의 매장 상품들에 대해 전문가가 되어야 한다. 나는 수미사의 전문가였다.

고객의 사랑을 얻느냐 잃느냐. 나는 이것이 수미사가 살아남느냐 소멸하느냐와 직결된다고 생각했다. 고객의 사랑을 얻는 일은 정말 힘들었다. 강한 정신력이 필요했다. 반품을 원하는 고객에게도 친절을 베풀며 그 자리에서 현금을 건네주는, 주인에게는 피눈물 나는 아픔도 정신력으로 치유해야 했다. 하지만 결국 나의 진심은 통했다. 고객의 사랑을 얻었다. 동대문 시장에서 장사하며 나는 장사는 머리가 아닌 가슴으로 하는 것이라는 사실을 뼈저리게 깨달았다.

03

돈을 버는
창의력

4차 산업혁명 시대에는 창의력이 있어야 한다고 난리법석이다. 창의력, 별거 아니다. 대발명가들에게만 있는 것도 아니다. 적어도 디자인 분야에서는 그렇다. 기존 디자인에서 조금만 비틀어 생각하면 새로운 유형의 디자인이 얼마든지 나온다.

다른 유형의 새로운 디자인이 나오면 다음에 할 일이 있다. 상품을 구매할 고객의 감성을 움직일 수 있는 스토리텔링을 만드는 일이다.

'우리 수미사 스카프에 나의 인생을 담자. 단순히 스카프를 파는 게 아니라 행복을 팔자.'

나는 이런 마음으로 장사했다. 수미사의 스카프는 이순희의 인생이며, 이순희의 행복이며, 그 스카프를 사는 고객에게는 행복을 전하는 것이다. 이러한 스토리텔링으로 고객에게 다가갔다. 역시 가슴으로 장사한 것이다.

나는 수미사의 고객들과 따끈한 커피 한잔을 나누며 고객에게 어울리는 컬러와 디자인을 의논했다. 함께 스카프를 두르면서 함께 만족하고 공감했다. 고객은 그 과정에서 즐거움을 느끼고, 스카프와 더불어 행복을 샀다.

소자본으로 고수익을 창출하기 원한다면 '나만의 아이디어'로 '나만의 상품'을 만들어야 한다. '나만의 상품'은 희소성이 있는 상품이므로 주인이 마음 놓고 가격을 매길 수가 있다. 다소 높은 가격을 책정하더라도 상품만 괜찮다면 큰 부작용은 없다. 고객에게는 희귀한 상품을 손에 넣었다는 만족을 줄 수 있다. 그 만족을 얻은 고객은 단골이 된다.

기성복을 판매하더라도 단추를 멋진 것으로 교체한다든지, 액세서리를 손수 박아서 새로운 느낌으로 디자인한다든지, 여러 가지 독창적인 시도를 할 수 있다. 또한 디스플레이에 변화를 주어 산뜻한 분위기를 연출하거나 브로치, 스카프, 머플러 등을 활용해 매장 분위기를 살려주는 것도 고객을 끌어들이는 데 도움이 된다. 모두 창

의적인 시도이다. 대발명가의 위대한 창의력이 없어도, 소소한 창의
력으로 가능한 일이다.

우리 수미사는 매일매일 디자인을 연구, 개발하며 창의력을 발휘
했다. 새로운 디자인, 차별화된 디자인을 고객에게 선사했다. 돈은
보너스로 따라 들어왔다. 인생에서 꼭 1등만 할 필요는 없지만, 디
자인만큼은 1등으로 달려야 한다고 강조하고 싶다. 2등은 아무래도
빛을 보기 어려운 것이 디자인 세계의 현실이다.

이신영의 저서《한국의 젊은 부자들》에는 창의력으로 성공한 젊
은이들이 등장한다. 그중 나물로 성공한 한 청년이 있다. 그 청년은
부모님의 나물 장사에서 아이디어를 얻었다. 가격이 낮은 나물을 온
라인으로 판매한 것이다. 당일 구입, 당일 배송을 원칙으로 하는 인
터넷 쇼핑몰을 운영하면서 전국의 소비자가 제철 나물을 바로 받아
서 먹을 수 있는 시스템을 구축했다. 그로 인해 월 2,000만원의 매
출을 올렸다. 부모님이 몸으로만 팔던 때보다 매출은 엄청나게 성
장했다.

언뜻 이 청년의 아이디어가 대단해 보이지 않을 수도 있다. 오프
라인에서만 팔던 나물을 온라인에서 팔았을 뿐이다. 그런데 이런 생
각의 전환이 바로 창의력인 것이다. 창의력이 없는 사람은, 창의력
을 발휘하려 애쓰지 않는 사람은 생각을 전환하지 못한다. 당연히 성

공적인 삶과는 거리가 멀어진다.

　현대그룹을 일으킨 정주영 회장, 초등학교밖에 못 나온 그 위대한
기업가는 간부들에게 이런 말을 했다고 한다.
　"빈 머리로 와서 빈 머리로 앉았다가 빈 머리로 가지 마라."
　생각하자. 돈을 벌고 싶다면 생각하자. 창의력은 능력자에게만 있
는 것이 아니다. 대단한 것이 아니다.

04
마음에서 즐기는
어른들의 보물찾기

우리의 내면에는 자신이 미처 발견하지 못한 보물이 얼마든지 있다. 수많은 사람들이 그것을 모르고 산다. 자신 안에 어떤 금은보화가 숨어 있는지조차 인식하지도 못하고 지나간다. 남들에게는 큰 박수를 보내면서 '나에게는 설마 그런 재주가 있겠어?' 하며 고개를 숙여버린다. 출세와 성공은 먼 나라 이야기라고 치부해버린다. 그러면 삶은 무미건조할 수밖에 없다.

자기 안의 보물을 찾고 싶다면 밖으로 나가자. 안방에서 탁상공론만 하지 말고 넓은 세상으로 나가자. 동대문 원단 시장으로, 부자재를 판매하는 동화 시장으로, 또 먹거리도 많은 광장 시장 등으로 나가서 디자인 구상이라도 해보는 것은 어떤지! 보고, 듣고, 비교하면서 내 안의 잠재력을 깨울 수 있을 것이다. 흙으로 덮여 있던 마

내면에 깊이 숨어 있는 자신만의 보물을 찾아야 한다.
'나'를 칭찬해보자. 잘하는 것, 좋아하는 것을
차근차근 찾아내보자. 내세울 만한 자랑거리가 분명히 있을 것이다.
그것을 찾았다면 더 확장하고 역량을 강화하는 데 힘써야 한다.
그 노력이 인생을 성공 위에 우뚝 세워줄 것이다.

음속 금광에서 황금을 캐낼 수 있을 것이다. 노력만 하면 얼마든지 찾을 수 있다.

이제는 초등학교와 중학교는 무상으로 다닐 수 있다. 의무교육 제도가 없던 그 시절 나는 월사금 안 낸다고 툭하면 집으로 쫓겨나던 신세였다. 끼니를 굶는 일이 다반사였다. 초등학교를 네 군데나 전학 다니면서 겨우겨우 졸업했다. 지금 내가 이만큼 성공할 수 있었던 배경은 가난과 굶주림의 아픔이었다고 생각한다. 그 고통 속에서 행복을 찾으려 했던 노력이 성공을 가져다준 것 같다.

'나도 집도 사고, 남들처럼 한번 잘살아봐야지. 공부도 열심히 해서 교수가 돼야지.'

이런 꿈을 키우면서 그 시절을 견뎠다. 솔직히 그 시절로 돌아가라면 결코 가고 싶지 않지만, 나를 일으켜 세운 시간인 것만은 분명하다.

나는 어렸을 때 바보라고 놀림받을 만큼 순둥이였다고 한다. 말도 다섯 살 되어서야 겨우 한마디씩 했다고 한다. 그렇게 없는 가정 속에서 주눅 든 채 열등감으로 살아온 나였다. 그런 내가 어떻게 그 살벌한 장사꾼들 속에서 잘 견디며 성공했는지, 지금 생각해도 신기하다. 무던하게 잘 견디어낸 성과라고 말할 수 있다.

장사를 처음 시작했을 때 동대문 시장은 살벌한 분위기였다. 시장 사람들이 서로 언성을 높이거나 고객과 큰 소리로 싸우기라도 하면 나는 겁이 나서 얼른 우리 매장으로 숨어들었다. 번번이 싸움이 일어나는 시장에 있다는 것이 창피하기도 했다. 한 5년 정도는 밖에 나가지도 않고 매장만 지켰다. 그런데 남편은 축구회도 만들며 상가 사람들과 어울렸다. 그를 계기로 나도 상가 사람들과 자주 접촉했다. 알고 나니, 너무나 마음이 착하고 선량한 사람들이었다. 나는 그때부터 동대문 시장 사람들을 희로애락을 함께하는 동지로 여겼다.

장사는 잘되기도, 잘 안 되기도 했다. 그러나 실패에 겁먹지는 않았다. 실패했을 때 나는 스스로에게 이렇게 말했다.

"이 정도 가지고 뭘 그래? 나는 일어날 수 있어. 실패는 성공의 어머니라고 했잖아. 어머니 한 분 더 모시는 것뿐이야!"

실패는 나를 겸손하게 만들었다. 나는 잘 나가다가도 한순간 고꾸라질 수 있다는 사실을 명심한 채 겸손하게 장사했다. 그래서 고객들과 상인들에게 인정받았다. 동대문 시장에서 시작한 인생 2막을 활기차게 펼쳐나갈 수 있었다. 겸손은 내 안의 보물이었다.

내면에 깊이 숨어 있는 자신만의 보물을 찾아야 한다. '나'를 칭찬해보자. 잘하는 것, 좋아하는 것을 차근차근 찾아내보자. 내세울 만한 자랑거리가 분명히 있을 것이다. 그것을 찾았다면 더 확장하고 역량을 강화하는 데 힘써야 한다. 그 노력이 인생을 성공 위에 우뚝 세워줄 것이다.

나는 예순세 살에 검정고시에 도전해서 오늘의 이 자리에 도착했다. 나도 했으니 여러분은 더 잘해낼 것이다. 지금 시작해도 시간은 충분하다.

05

이거 할까 저거 할까
망설이다가

못 배웠다고 머리가 나쁜 것은 아니다. 지식이 조금 부족할 뿐이다. 기죽지 말고 경험을 통해 얻은 바를 머리에 넣으면 된다. 장사에서만큼은 지식보다 현장에서 쌓은 경험이 더 쓸모가 있다. 지식보다 경험이 더 많은 실적을 올리는 데 이바지한다.

장사에 대한 책을 여럿 읽어보았다. 구구절절이 다 맞는 이야기였다. 감탄이 나올 만큼 잘 쓴 책도 많았다. 그러나 아쉬운 점도 있었다. 장사에 실패했을 때의 대처법이 대체로 미약했다. 성공의 이론보다 실패의 경험이 더욱더 중요하다는 사실을 잊으면 안 된다.

"모든 것을 포기 했을 때, 새로운 희망이 떠오른다."

데일 카네기의 《자기 관리론》에 나오는 말이다. 절망이라는 깊은 수렁에 빠져본 경험이 있는 사람들은 대부분 이 말에 동감하리라 믿는다. 오히려 절망의 바닥까지 내려가보지 않은 사람들이 이 말에 반발하리라 예상한다. 고통스러워 죽겠는데 무슨 배부른 소리냐며 콧방귀를 뀔지도 모르겠다.

중국의 사상가 린위탕은 이렇게 말했다.

"진정한 마음의 평화는 최악의 상황을 받아들이는 것에서부터 온다. 심리적으로 그것은 에너지의 발산을 의미한다."

나는 최악의 상황에 처해 보았다. 그 상황을 받아들였을 때 더 이상 잃을 것이 없다는 생각이 들었다. 더 이상 잃을 것이 없기에 새로운 시작이 될 수 있겠다는 희망이 꿈틀거렸다. 그 꿈틀거림으로 다시 일어섰다.

동대문 시장에 들어올 때 우리 부부는 빈손이었다. 망한 상태에서 시작한 장사 망해도 본전이라는 생각으로 일했다. 그러면서 세월이 흘러 장사 노하우를 쌓았다. 그 노하우를 얻은 것만으로 성공한 것이라 자위했다. 희망은 이미 눈앞에 다가와 있었다.

IMF 시기의 장사는 안 되는 정도가 아니고 완전 절멸이었다. 돈을 지출해야 할 곳은 많은데 돈이 나올 곳은 한 군데도 없고, 그야말로 진퇴양난이었다. 앞날은 암흑 절벽이었다. 그냥 눈 감고 아무것도 생각하고 싶지 않았다. 그러나 생각하고 싶지 않다고 해서 일이 끝나는 것은 아니었다. 외국에 나가 있는 두 딸, 어린 아들, 채무관계 은행, 생활비……. 해결해야 할 문제가 산더미였다. 이대로 손을 놓는다면 우리 가정은 무너질 게 뻔했다.

그 시절 나는 이런 기도를 하면서 다녔다.

"저를 구해 주십시오. 시키는 대로 하겠습니다."

구하라 얻을 것이요, 두드리라 열릴 것이라는 성경 말씀을 되뇌며 발버둥쳤다.

결론은 한 가지였다. 다시 일어나는 일 외에 아무 해답이 없었다. 어려울 때일수록 마음을 고쳐먹어야 한다. 그러지 않으면 아무 진전이 없다. 힘은 힘대로 들고, 빚은 빚대로 는다. 얼마 안 가 모든 문제가 감당할 수 없을 만큼 커져버린다.

"그래, 다시 시작하는 거야! 못 할 것 없지. 나는 아직 젊어. 오십밖에 안 됐어. 나는 할 수 있어!"

IMF에서 벗어나기 위해 나는 백화점을 헤매고 다녔다. 쇼핑하러 다닌 것이 아니라 스카프를 공부하기 위해서였다. 스카프에만 꽂혀 백화점을 뒤지고 다니던 어느 날, 멀리서 행운의 여신이 미소를 지으며 반겼다. 행운의 여신이 손짓하는 곳으로 따라갔다. 그곳에는 이태리산 스카프 한 장이 걸려 있었다.

"바로 이거야!"

순간 쾌재를 불렀다. 이태리산 스카프가 반짝 빛을 발했다. 하느님이 준 기회라는 생각이 들었다. 그리고 얼마 후 나는 이태리 밀라노행 비행기에 몸을 싣게 되었다. 스카프 공장에 직접 찾아가기 위해서였다.

밀라노는 스카프의 낙원이었다. 은은한 중간 톤의 컬러, 특수 짜임새의 원단 소재, 추상적인 도안의 무늬, 이 모두가 나를 완전히 매료시켰다. 한국에서는 전혀 볼 수 없었던 분위기에 나의 감각이 총총히 깨어났다.

'대박이다. 한국에는 전혀 없는 신천지 디자인이야. 완전 먹히는 히트작을 만들 수 있겠어!'

나는 확신에 차 있었다. 무조건 대박이라는 것을 의심하지 않았다. 내가 좋아하는 컬러, 디자인, 순간적인 선택이었다. 우물쭈물할 필요가 없었다. 상품을 선택할 때 순간적인 선택이 효과를 보는 경우가 있다. 이거 할까, 저거 할까 망설이다가 절호의 기회를 놓칠 수 있다. 물론 이를 가늠하는 것이 쉬운 일은 아니다. 결국 자기 자신을 믿어야 한다. 그 믿음을 키우려면 체험과 노력을 부지런히 해야 한다.

결과는 대박이었다. 처음 보는 신상품에 매료된 고객들이 앞다투어 그 스카프를 사갔다. 없어서 못 팔 정도였다.

나는 이듬해에 이태리로 몇 번씩 날아가서 스카프를 수입했다. 여전히 뜨거운 반응에 백화점에까지 입점하게 되었다. 앞이 전혀 안 보였던 IMF의 어둠이 그렇게 걷혀갔다. 이 성공에 힘입어 나는 '스카프 장사의 신'이라는 별명을 얻었다.

IMF 위기를 성공적으로 넘긴 나는 판단을 내렸다. 실패했을 때는 빠른 결단력만이 살길이라는 판단. 물론 그 결단은 긍정적인 방향으로 나아가야 한다. 빠른 결단력이 없다면 실패를 회복할 기회마저 잃어버린다. 빠르게, 또한 굳게 결단한 뒤 움직이면 새로운 희망과 마주하게 된다. 내가 그것을 경험했다. 그 경험을 맛본 나는 세상에 다시 태어난 기분이었다.

06

엄마의 죽음 앞에
울지 않아도 되는 이유

장사를 마음 편하게 잘하고 싶다면, 식구들이 편안한 상황을 만들어놓아야 한다. 혼자 열심히 장사한다고 꼭 돈이 들어오는 것은 아니다. 가족과 소통하고, 함께 계획하고, 희로애락을 나눠야만 장사를 길게, 오래할 수 있는 것이다. 이 세상은 혼자서는 아무것도 못한다.

이제는 100세 시대, 노인들도 돈을 벌거나, 혹은 벌어야만 하는 시대다. 오래 살다보니 삶의 유지비가 필요하다. 과거 부모들은 자식들에게 다 투자했다. 지금은 투자한 만큼 회수하기 힘들다. 자식들은 자기 앞가림하기도 바쁘다. 때로는 냉대만 돌아오기도 한다. 따라서 노인들도 자기 생을 스스로 꾸려가야 하는 처지다. 자식을 위한 과다한 희생은 마다할 수밖에 없다.

가족들이 빈번히 다투는 집안이 번성하는 것을 본 적이 있는가?

남편이 뭐라고 하면 나는 웬만하면 참는다.
남편 역시 웬만한 일은 그냥 눈감아준다.
우리는 장사하는 중에도 의견이 잘 맞았다.
남편이 내 의견을 존중해주고 내 편이 되어준 덕분이다.
물론 나 또한 남편의 의견을 존중했다.

행복이란 착하고 유순하다. 집안에 싸움이 일어나면 무서워 달아나고 만다. 웃음소리만이 행복을 불러온다. 가족들끼리 반목하면 될 일도 안 된다. 불행은 싸움을 반기고 부추긴다.

나는 편안하게 장사하기 위해 가사도우미 아줌마를 두었다. 친정엄마에게 아이 양육을 맡겼기에 가사의 짐은 덜어드리고 싶었다. 그리고 엄마 말이라면 무조건 복종하고 다 들어주었다. 그래서 엄마하고 30년을 함께 살면서 다툼 한 번 없었다. 엄마가 오죽하면 나에게 이렇게 말할 정도였다.

"너는 이다음에 엄마 죽으면 울지 않아도 돼. 너는 이 엄마한테 할 만큼 다 했어."

내가 나이가 들어 척추 수술을 받으면서 엄마는 아들네 집으로 갔다. 그때 엄마의 한마디는 "너도 이제는 칠십이 넘었구나."였다. 큰딸의 노쇠를 안타까워하는 마음이 담긴 말이었다.

막내남동생 집에서 지내는 엄마는 오매불망 이 큰딸만을 기다린다. 하지만 내 나이도 일흔이 넘고 남편의 건강마저 나빠져 엄마를 제대로 모시기가 힘이 들었다. 성심껏 모시고 있는 막내남동생 내외에게 죄를 짓는 기분이다.

'마지막까지 내가 모셔야 하는데…….'

이렇게 생각만 하며 주저앉아 있다. 마음이 편하지가 않다.

장사하면서 제일 큰 문제는 부부 관계였다. 하루 종일 함께 있다 보니 부부 싸움이 잦았다. 그런데 우리 부부에만 국한된 일이 아니었다. 내가 장사에 입문한 시절 동대문 시장에는 부부가 함께 장사하는 매장이 많았다. 우연인지 모르겠지만, 남편의 실패나 사업부도로 인해 부부가 함께 시장에 터를 잡은 경우가 꽤 있었다. 그런 이유로 동대문 시장에서는 남편의 위치가 대체로 아내보다 낮았다. 더구나 고객층이 거의 여성이어서 판매는 아내가 맡아야 했다. 시장에서 남편이 설 자리가 더더욱 마땅치가 않았다. 사정이 그러하다 보니 장사하다 받는 스트레스를 남편에게 풀거나 무시하는 아내들도 많았다.

하루는 남편에게 종종 짜증을 내는 여인에게 내가 타이르며 달랬다.

"내가 보기에 남편한테 그러는 게 너무 안 좋아."

"알고 있어요, 너무 쪼들리니까 짜증나고 머리가 아파서 그래요."

"그럴수록 노력해봐. 짜증낸다고 일이 잘 풀리는 것도 아니잖아. 머리도 단정하고 예쁘게 하고, 목소리도 친절하게, 그래야 손님들이 들어오지."

"네, 알았어요. 조심할게요. 감사합니다."

그 여인은 차차 남편과 의논하며, 서로 조심하고, 의지해가며 잘 지내게 되었다. 속을 들여다보면 다들 너무나 착하고 고운 여자들이었다. 아등바등 살려는 모습들이 안쓰러웠다. 몇 년의 세월이 흘렀을 때 그들이 장사를 잘하며 잘 살아가는 모습이 아름답게만 보였다.

우리 부부는 4년 동안 연애하고 결혼했다. 한때는 열렬히 사랑했던 남편이었지만, 부도나고 사글세를 살면서 남편을 원망하고 미워한 적도 있었다. 이혼을 생각하기도 했었다. 그때 이런 생각을 하면서 참았다.

'우리 딸들 시집갈 때 결혼식장에서 누가 손잡고 들어가지? 아들 장가갈 때도 아버지가 있어야지.'

나이를 먹을수록 남편이 초라해 보이기도 했다. 그때는 이런 생각을 하며 마음을 고쳐먹었다.

'한때는 사랑했었는데……'

남편을 보면서 '사랑하자!' 하는 마음을 가졌다. 꾸준히 반복하니 나이든 남편이 멋지게 보이기 시작했다.

"여보! 당신 텔레비전에 나오는 저 탤런트보다 더 멋져."

"당신이 있었기에 오늘 우리가 있는 거야!"

이런 말들을 건넸을 때 남편은 즐거운 표정으로 행복해했다. 그 후 남편의 자존감이 높아지는 것을 인지할 수가 있었다. 어차피 만난 인연이라면, 즐겁고 행복하게 살아가는 게 좋지 않겠는가!

그래도 우리 부부는 평생 큰소리 내며 싸운 적은 한 번도 없다. 우리 아이들이 증인이다. 남편과 나는 서로 양보하고 이해하는 편이다. 남편이 뭐라고 하면 나는 웬만하면 참는다. 남편 역시 웬만한 일은 그냥 눈감아준다. 우리는 장사하는 중에도 의견이 잘 맞았다. 남편이 내 의견을 존중해주고 내 편이 되어준 덕분이다. 물론 나 또한 남편의 의견을 존중했다. 의견충돌이 일어나는 일은 전혀 없었다. 그래서인지 우리 가게는 나날이 번창했다. 감사한 일이다.

'잘살고'도 싶고, 또 '잘 살고'도 싶다면 자신의 주위부터 편안하게 해야 한다. 소문만복래笑門萬福來 란 말이 있다. '웃으면 복이 들어온다'는 이 말은 빈말이 아니다.

07
초등학교 졸업자가
대박을 쳤다

나는 항상 초등학교 출신이라는 열등감에 사로잡혀 살았다. 사람들과 대화할 때도 그 생각에서 벗어나지 못했다. 유식한 말을 모르니 무식한 말만 할 거라는 자격지심에 먼저 대화의 문을 닫곤 했다. 원래 말수도 적었던 터라 갈수록 대화에 자신감을 잃어갔다.

지금도 말이 많지는 않다. 그래도 중고등학교 검정고시에 합격하면서 내면의 자신감을 찾을 수 있었다. 얼마나 한이 맺혔으면, 검정고시 합격하던 날 마음 놓고 회한의 눈물을 한없이 쏟아냈다. 하늘을 우러러 두 팔 벌려 소리쳤다.

"나도 이제부터 마음 놓고 가슴을 펴고 살아보자!"

이제 와 생각하면 조금 우습기도 하다. 동대문 시장에서는 아무도 내가 초등학교만 졸업한 줄 모르는데, 다들 장사 잘하고 멋진 아줌마라고 생각하는데 왜 그렇게 가슴 조이고 살았는지…….

그 가슴 조임에서, 열등감에서 깨끗이 벗어난 순간이 기억난다. 내가 디자인 한 상품이 잘 팔려 매상이 오를 때였다. 행복감, 승리감으로 가슴이 벅차올랐다. 기적이었다. 그때 나는 내가 디자이너라는 생각조차 못했었다. 그저 매출이 많이 오르니 계속 디자인했을 따름이었다. 지금의 나는 나를 멋진 디자이너라 생각한다.

기적은 자기 자신이 이루어내는 것이다. 가난 때문에 못 먹고 못 배웠기에, 그래서 사람답게 살고 싶었기에 이 악물고 덤벼든 나의 도전이 오늘의 기적을 이루어낸 것이다. 나는 디자이너로 성공한 내가, 가난을 벗어나 부자가 된 내가 너무나 대견하다.

내가 장사하던 시절 동대문 시장에는 공급 물량이 부족했다. 지금은 모든 상품이 넘쳐 포화상태다. 정보기술의 시대다. 인터넷의 발달로 클릭 한 번으로 앉아서 상품을 구매하며, 배달도 된다. 저녁에 주문하면 아침에 도착하는 빠른 택배도 성행하고 있다. SNS를 통해 상품이 오가는 시대다. 컴퓨터를 하지 않으면 장사도 할 수 없는 세상이다. 그런 세상에서 나는 컴퓨터를 배우겠다는 목표를 설정했다.

컴퓨터를 잘하려면 자판을 능숙하게 다루는 것이 우선순위라고 생각했다. 어차피 늦게 배우는 것, 독수리 타법은 싫었다. '늦을수록 돌아가라'를 상기했다. 젊은이들처럼 열 손가락을 다 사용해 보

살아가려면 인내가 꼭 필요하다.

내가 성공할 수 있었던 요인도 인내가 아니었을까 싶다.

고객을 위한 서비스도 일종의 인내였다.

공부도 인내가 없었다면 불가능했다.

자고 마음먹었다. 하지만 생각보다 쉽지 않았다. 타자 속도는 더디게 늘었다. 그래도 인내심을 가지고 열심히 노력했다. 결국 나는 6개월의 긴 연습 끝에 '300타'를 넘겼다. 지금은 실력이 더 늘었다. 어느 날, 내가 노트북으로 글을 쓰고 있는 모습을 우연히 본 학교 동기생이 말했다.

"우와! 언니, 너무 멋지다!"

살아가려면 인내가 꼭 필요하다. 내가 성공할 수 있었던 요인도 인내가 아니었을까 싶다. 고객을 위한 서비스도 일종의 인내였다. 공부도 인내가 없었다면 불가능했다.

아기는 걸음마를 배우면서 넘어지고 다친다. 온전히 걷기까지 인내가 필요하다. 누구든지 그런 아기의 자세로 꿈을 향해 나아간다면 그 꿈을 손에 넣을 수 있을 것이다. 세종대왕이 만든 위대한 한글을 엄마 배 속에서부터 깨우치고 태어나는 사람은 없다. 어떤 일을 도모하든 ㄱ, ㄴ, ㄷ을 배우듯 차근차근 해보자.

다시 디자인 이야기로 돌아와야겠다. 동대문 시장 상인으로서 이곳을 활용할 수 있는 팁을 주려고 한다. 동대문의 종합원단 시장 5층에는 각종 액세서리를 판매하는 매장이 500군데 이상이다. 그곳 액세서리를 구입해 스카프, 티셔츠, 모자, 자켓 등 어느 종류의 옷이든 마음에 드는 액세서리를 달아서 팔면 된다. 인터넷 판매도 추천

한다. 또한 아무 디자인도 없는 티셔츠를 사다가 요즘 유행하는 모티브나 그림을 그려서 팔아도 된다. 다양하고 아름다운 구슬도 많다. 이 모든 방법이 독창적인 디자인이 될 수 있다. 조금만 생각을 바꾸면 남들과 차별화될 수 있다. 후발 주자들이 줄줄이 따라오게 만들 수 있다.

나만의 디자인, 나만의 캐릭터를 창출하자. 동대문 청계천 7가에는 각종 구두와 운동화가 엄청 쌓여 있다. 도매시장이다. 내가 아는 어느 여자 사장은 신발 도매상에서 하얀 운동화를 가져와, 멋진 그림을 그리고 페인팅까지 해서 자신만의 디자인으로 완성한 자신만의 상품을 만들었다. 그것을 팔아 대박을 쳤다.

디자이너를 꿈꾸는 누구나 대박을 칠 수 있다. 나와 같은 초등학교 출신 디자이너도 해냈다. 대박을 꿈꾸는 이에게 동대문 시장을 '강추'한다.

chapter 3

흙수저들의
성공 원칙

01

경험이 만든
스카프 도사

내 나이 37세에 동대문에 입문, 35년 동안 스카프를 판매하면서 반평생을 바쳤다. 35년이라는 시간 속에서 쌓인 수많은 경험은 나도 모르는 사이 나를 '스카프 도사'로 만들었다. 어떤 분야든 10년이 넘으면 도사가 된다.

35년이란 햇수가 경이롭다. 동대문 시장의 장사는 전혀 몰랐던 나였다. 그러나 전혀 몰랐기에 오히려 가능했다고도 생각해본다. 몰랐기에 고객과 함께 의논하고 소통했다. 몰랐기에 내가 직접 디자인해보자는 객기도 품었다. 알아야만 했기에 죽을힘을 다해 노력했다. 다행인 것은 내가 좋아하는 일이었다는 점이다. 내가 좋아하는 스카프였기에 파산 직전에도 다시 일어설 수 있었다. 내가 좋아하는 일에 성공해서 나는 행복하다.

35년 동안 고객을 상대하다 보니, 고객의 외모만 봐도 성격이 부드러운지 까다로운지 간파할 수가 있다. 가령 단발머리 고객은 단정한 스타일을 좋아하며 성격도 단정했다. 약간 흐트러진 헤어스타일의 고객은 까다로운 면이 적었다.

고객에게 어울리는 패션도 즉각 연출해낼 수 있다. 예를 들어, 흰 피부의 고객은 약간 붉은 계열이나 핑크 계열의 스카프를 매면 생기가 돌고 화사한 느낌이 살아난다. 이미지가 강한 고객은 강한 이미지를 정화시킬 수 있는 파스텔 계열의 스카프를 권장한다. 세련된 커리어 우먼의 느낌과 온화한 분위기를 나란히 살릴 수 있다. 고객마다 각각의 개성이 있다. 그 개성을 살려주는 코디를 하면 고객은 금세 단골 고객 명단에 이름을 올린다. 스카프 장수로서 정말 보람찬 일이다.

결국 35년이라는 시간 동안 발전한 것은 감각이라고 말할 수 있다. 이 감각은 논리정연하게 설명하기가 어렵다. 죽은 듯 잠자고 있다가도 순간적으로 탁 살아난다. 이 컬러! 이 디자인! 하고 나도 모르게 와 닿는다.

스카프를 수입하러 이태리에 갔을 때도 나의 감각이 살아났다. 나는 공장 쇼윈도에서 본 제품을 망설임 없이 순간적으로 선택했다. 그 스카프는 한국에서 대박이 났다. 우리 매장에 오는 고객 중에도 순간적으로 자신에게 잘 맞는 상품을 선택하는 고객이 있다. 패션을 좋아하고 많이 입어본 고객들이 대체로 순간적인 선택에 능하다. 도매 고객들의 경우도 마찬가지다. 관록 있는 도매 고객은 우리 매장의 상품을 둘러보면서 잘 팔릴 것 같은 상품을 직감적으로 판단한다. 모두 경험의 힘인 듯하다.

그 누구에게든 순간의 선택이 100퍼센트 옳은 결정으로 판가름 나지는 않을 것이다. 그러나 선택을 하는 자기 자신은 100퍼센트 믿어야 한다. 1퍼센트의 의심도 있어서는 안 된다. 믿을까 말까 망설이면 그릇된 결정을 할 확률이 더 높다. 경험에서 축적된 데이터다.

장사를 하고 싶으면 장사를 하려는 물건을 소비자로서 사본 경험이 많을수록 좋다. 스카프 장사를 하고 싶다면 여러 종류의 스카프를 구입해보자. 경제적으로 무리가 되더라도 명품 스카프도 몇 개 정도는 장만하는 게 좋다. 명품 스카프는 스카프 품질과 고객 선호도의 척도가 될 수 있다. 그 기준점을 잡으면 본인이 장사를 할 때 고객에게 어필할 수 있는 제품을 선보일 수 있다.

구매를 많이 못할 형편이라면 윈도우 쇼핑, 흔히 말하는 아이 쇼핑이라도 자주 하자. 패션 잡지라도 여러 권 뒤적이자. 정장에는 어떤 종류의 스카프가 어울리는지, 봄, 여름, 가을, 겨울 계절별로 어떤 특성의 스카프가 있는지 등을 연구하는 것이다. 그래야만 창의력이 살아난다. 중요한 것은 자주 접하는 것이다. 다양한 경험이 있다면 장사하기가 훨씬 쉬워진다.

무엇보다 중요한 것은 장사를 좋아하는 마음이다. 내가 좋아서 장사를 한다면 조금 실수를 해도 '다시 하면 되지!' 하는 관대한 마음이 생길 수 있다. 실수를 긍정적으로 통찰하고 다시 도전하려는 의욕을 품을 수 있다. 싫어서 억지로 하는 장사라면 실수에 무너지기 쉽다. 인정하기보다는 변명을 찾게 되고, 의욕을 잃어버릴 위험도 있다. 아마도 장사만이 아니라 모든 일이 그럴 것이다.

장사도 좋아하고, 장사하려는 품목도 좋아한다면 더할 나위 없이 좋다. 하지만 인생사가 입맛대로 딱딱 떨어지기는 어려운 법. 자신이 좋아하는 품목으로 장사하기 어려운 상황이라면 '잘 맞는' 품목을 고려해보자. 가령 평소 옷 잘 입는다거나 입은 옷이 정말 예쁘다는 칭찬을 자주 듣는다면, 의류 사업이 자신에게 맞을 수 있다. 그 방면에 안목이 잠재해 있기 때문이다.

모든 조건이 다 충족된 상태라 해도 사실 장사는 만만한 일이 아니다. 나 역시 잦은 실수와 실패를 겪었다. 그러나 그것을 두려워해서는 안 된다. 실수와 실패를 보약 삼아 그것들을 점점 줄여나가려고 노력하면 어느 순간 성공은 눈앞에 다가와 있을 것이다.

02
원수를
사랑하라

남편과는 스물네 살에 만났다. 손금을 봐 준다며 접근했던, 핸섬하고 멋진 남자였다. 4년 동안 우리는 가난한 연인으로 사랑을 키웠다. 안 보면 보고 싶었던, 사랑에 빠진 연인들.

1974년에 결혼했다. 넉넉하지는 않았지만 행복했다. 버스정류장으로 남편을 마중 나갔던 시절이었다. 결혼 10년 후 우리는 딸 둘, 아들 셋을 키우고 있었다. 남편의 부도로 사글세를 살게 되었다. 가난을 맞으면서 사랑이 점점 식어가는 것을 느꼈다. 이혼도 생각해봤다. 그것도 답은 아니었다. '바람피운 것도 아니고, 잘하려다가 이 지경이 된 건데.' 하며 마음을 다독였다.

'한때는 사랑했는데······.'

나는 생활전선에 뛰어들었다. 우리 동네에 작은 아동복 매장을 열었다. 북아현 시장 아동복가게들을 점검했다. 어떤 옷을 파는지, 가격이 어느 정도로 형성되는지 조사했다. 시장 안이라 싸구려 아이들 옷이 많이 걸려 있었다. 싸구려만 모은 좌판도 여럿 깔려 있었다. 나는 그들과 차별화를 두기로 하고 한 단계 높은 가격으로 업그레이드했다. 싸구려는 전혀 들이지 않았다. 예쁘고 독특한 디자인의 옷을 구매해서 판매했다. 원단 좋고 컬러감이 색다른 옷을 사다가 팔았더니 반응이 좋았다. 작은 성공이었다.

판매할 물건을 구매하러 동대문 시장에 드나들면서 동대문 시장에는 전국을 상대로 도매장사를 하는 상인들이 있다는 것을 알았다. 많은 돈이 오고 가는 것을 목격했다. 큰돈을 벌려면 동대문으로 가야 한다는 생각이 들었다. "말은 제주도로 보내고 사람은 서울로 보내라"라는 옛말처럼 상인은 동대문으로 가야 하지 않을까? 나는 언젠가는 돈이 많이 모이는 동대문 시장으로 향할 것이라는 꿈을 품었다.

어느 날 아침, 가게 셔터를 올려주는 남편의 뒷모습이 초라하게 보였다. 저 모습이 곧 내 모습이라는 것을 깨달았다. 나는 그날로 부동산에 가게를 내놓았다.

'떠나자! 동대문 시장으로!'

빠른 판단력과 날카로운 결단력은 그때부터 시작되었다. 나는 남편의 멋진 모습을 살려주기 위해 남편의 손을 잡고 동대문으로 떠

났다.

하지만 그곳에는 또 다른 전쟁이 기다리고 있었다. 남편과 하루 종일 붙어 있으니 단점이 눈에 띄기 시작했다. 별것 아닌 것에 시비가 붙어 종종 부부싸움으로 번졌다. 평생 남편한테 말대꾸 한 번 하지 않았던 내가 돈에 쪼들리고 장사가 안 되니 남편을 미워하고 원망하게 된 것이다. 고객이 있을 때는 싸움을 멈추고 웃음을 지어야 했으니 마음이 편할 여유가 없었다. 주인장의 마음이 편치 않으니 장사는 당연히 안 될 수밖에 없었다.

"이건 아닌데. 이건 아니야!"

매일같이 싸우고 미워할 거면 무엇 하러 남편 손잡고 동대문 시장까지 왔단 말인가!

매사가 싫고 불만족스러웠다. 그것을 남편 탓으로 돌렸다. 견디다 못한 남편이 말했다.

"내가 나가 줄게. 깊은 산중으로 들어가서 나오지 않을게."

그 말에 더 화가 났다.

"이렇게 벌려놓고, 나 혼자 어쩌라고?"

나는 속으로 울부짖었다.

'원수도 저런 원수가 또 있을까? 내가 무슨 잘못을 저질렀기에 저런 원숫덩어리를 나한테 보내셨을까? 하느님도 야속하시지. 나는 어쩌라고?'

이 세상을 살아가는 데 가장 중요한 것을 꼽으라면 부부의 믿음이다.

사랑하자, 예뻐하자, 노력을 하니 마음이 편안해졌다.

그러면 장사도 다시 회복되기 시작한다.

성경 말씀대로 원수를 사랑하며 살아가니 행복이 돌아왔다.

미움도, 원망도 노력하면 얼마든지 극복할 수 있다는 사실을 깨달았다.

그런데도 나는 고객이 오면 언제 싸웠나 할 정도로 상냥하게 웃으며 친절을 베풀었다. 딴에는 프로의 면모를 보인 것이다. 우습게도 고객이 떠나면 다시 싸움을 벌였지만, 언제 다시 고객이 올지 모르니 최대한 큰소리는 내지 않았다. 집에서도 마찬가지였다. 아이들 돌봐주는 친정엄마 속상할까봐 아무렇지 않은 척 표정관리를 했다. 엄마 앞에서 부부 싸움 하는 것은 효에도 어긋나는 행동이기에 더더욱 화를 억눌렀다. 그 점에서는 고맙게도 남편도 보조를 맞춰 주었다. 남의 눈치 안 보고 피터지게 싸움하는 부부들도 많은데, 우리 부부는 그 정도 수위로는 나가지 않았다. 이 눈치, 저 눈치 보느라고 속 시원히 부부 싸움도 못한 게 찜찜하긴 하지만 여하튼 다행스러운 일이다. 남편에게 고마운 점이기도 하다.

언젠가 우리 부부는 며칠을 말없이 지내기도 했다.

"그래, 모든 것이 내 탓이요, 내 탓이요, 내 탓이 큽니다."

그때 나는 성당에서 고해성사를 하면서 마음을 비우기 시작했다. 쥐도 도망갈 구멍을 마련해놓고 쫓으라고 했는데, 남편을 코너에 몰아넣기만 했지 않은가. 그래서 남편도 쫓기다 돌아서서 날 물 수밖에 없지 않은가. 내가 포기하자, 남편을 좋아하자.

"원수를 사랑하라."라는 성경 구절이 떠올랐다. 그 구절을 깊이 새겼다.

"하느님, 잘못했습니다. 제가 선택한 사람, 다시 한 번 노력해보

겠습니다. 원수를 사랑하겠습니다. 제가 잘못했습니다. 남편을 사랑
하도록 노력하겠습니다."

새 마음 새 기분으로 다시 시작했다. 사랑하자, 예뻐하자, 노력을
하니 마음이 편안해졌다. 그러자 장사도 다시 회복되기 시작했다. 성
경 말씀대로 원수를 사랑하며 살아가니 행복이 돌아왔다. 미움도, 원
망도 노력하면 얼마든지 극복할 수 있다는 사실을 깨달았다.

남편을 일찍 여의고 혼자 장사하는 여인이 있었다. 너무 힘들게
장사하고 있었다. 여인은 혼자된 남자와 재혼을 했다.

"남편이 옆에만 있어 주어도 마음이 편하고 든든해서 좋아요."

결혼생활을 이어가던 여인이 어느 날 이렇게 말했다. 내가 보기에
두 사람은 마음이 잘 맞았다. 돈도 잘 벌고 행복하게 살 것 같았다.
그 부부는 짐작대로 돈과 행복을 얻게 되었다. 그 부부를 보면서 다
시 한 번 느꼈다. 부부가 마음이 잘 맞아야 돈도 벌 수 있다는 것을.
혼자보다는 둘이 훨씬 낫다는 것을.

이 세상을 살아가는 데 가장 중요한 것을 꼽으라면 부부의 믿음
을 고르고 싶다. 남편과 결혼한 지 45년이 되었다. 정말 오래 살았
다. 그런데 '눈 한 번 깜빡한 것' 같은 느낌은 뭘까? 사랑하는 연인으
로 시작해서 사랑하는 남편으로, 한때는 원수로, 어느 때는 측은한
사랑으로, 다시 진정한 사랑으로 남편은 내 곁을 지켰다. 이제는 누

가 갈라놓아도 갈라지지 않는 찰떡사랑으로 끝을 맺을 사랑! 그 사랑이 내 남편이다.

"당신이 있었기에 우리 가족은 화목하게 잘 지낼 수 있었습니다. 그래서 감사합니다. 당신도 마음고생 많았지요? 나 혼자만 참고 견디어 온 줄 알았는데, 오히려 묵묵히 혼자 견디어 온 당신이 더 훌륭합니다."

부부란 살아보니 '사랑→원수→사랑'으로 변하는 것 같다. 쭉 사랑으로만 지속되면 너무 지루하지 않을까?

나는 원수를 사랑했다. 원수를 사랑했기에 마음이 편해졌고, 장사도 잘할 수 있었다. 돈도 벌 수가 있었다. 좀 이상하게 들릴지 모르지만, 사랑의 대가는 돈이었다. 사랑도 하고, 사랑으로 돈도 벌 수 있는 이곳이 진정 천국 아닐까?

03

혁신은 유행이
아니므로

제4차 산업혁명 시대에 돌입했다고 떠들썩하다. 창의력을 발휘해라, 혁신을 해라, 아우성이다. 언제는 창의력과 혁신이 중요하지 않은 때가 있었던가. 나는 이미 디자인으로 창의력을 발휘했다. 남들이 못한 혁신적인 디자인으로 돈을 벌었다. 언제나 변화를 주고 새로운 것을 만들어냈다. 창의력과 혁신은 새로운 것이 아니다. 요즘 번져나가는 유행병이 아니다.

진정 돈을 벌고 싶다면 늘 새로운 물결로 갈아타야 한다. 갈아탈 준비를 하고 있어야 한다. 그리고 자신이 좋아하는, 잘 아는, 잘 하는 품목을 택하는 것이 좋다. 내가 손수 판매하여 고객의 마음도 알아보고, 고객을 위한 무언가를 만들어내야 한다. 한 사람의 고객을 만족시켰을 때, 어떤 부분이 고객의 감성을 자극했는지 파악하고 그에 따른 판매 전략을 세워나가는 것이 중요하다.

새로운 물결로 갈아탈 마음이 있는 경영자라면 쓴소리도 귀담아 듣자. 쓴소리에 성공의 길이 열린다. 나 역시 빈손으로 장사를 시작했을 때 주변 사람들의 쓴소리를 자양분으로 삼았다. 진정한 경영자는 쓴소리를 두려워하지 않는다. 쓴소리는 변화의 기폭제가 될 수 있다.

언젠가 글쓰기 동호회에서 만난 젊은 작가와 통화했다.

"작가님! 안녕하세요? 친구와 동대문 시장을 탐방하고 싶어서요. 종전에 언제든지 동대문 올 일 있으면 전화하라고 하셔서……. 사실 저도 장사하고 싶은 마음도 조금 있고, 동대문에서 35년이나 계신 작가님은 '장사의 신'이니까 도움 좀 받고 싶네요."

순간 멈칫했다. 막 박사 과정에 입학해서 책 읽고 공부하는 데만 집중하고 싶은 때였다. 하지만 나를 필요로 하는 사람이 있는데, 책만 보고 있을 수는 없었다. 내가 아는 것을 베푸는 것은 나의 사명이기도 하기에 얼른 대답했다.

"알았어요. 언제 시간 있으세요?"

"시간 내어 주시는 것만도 감사한데, 작가님 괜찮은 시간에 우리가 맞추겠습니다."

"그러면 월요일이 비어 있네요. 월요일 괜찮으세요? 동대문 역사

박물관 1번 출구에서 12시에 만나요."

"네, 월요일에 뵙겠습니다. 작가님! 바쁘신데 시간을 내어주셔서 정말 감사합니다."

약속한 날짜에 우리는 동대문 역사박물관 1번 출구 앞에서 만났다. 이 젊은 친구는 북한에서, 돈을 벌려는 청운의 꿈을 안고 스물한 살 때 중국으로 넘어갔다고 한다. 그러나 중국으로 넘어가자마자 인신매매 조직에 잡혀서 중국 어느 농촌에 팔려갔다고 한다. 감시를 당하며 살다 보니 아이까지 낳게 되었다고 한다. 아이를 낳은 다음 감시가 느슨해진 틈을 타서 도망했고, 구사일생으로 한국에 입국해서 10년의 세월을 보냈다고 한다.

처음 봤을 때, 젊고 예쁜 여인이 그렇게 큰 고통을 겪었으리라고는 생각지도 못했다. 여인은 책을 쓰면서 본인의 모든 치부를 다 밝혔다. 당차게 새 인생을 살아가는 모습이 대견했다. 북한에서도 장사를 해서 돈을 번 경험이 있다고 했다.

"장사가 돈을 벌 수 있는 길이라 생각했어요. 무슨 장사를 하든지 저는 꼭 할 거예요."

그렇게 말하는 여인의 표정에서는 굳은 결의가 비쳤다. 어떤 장사를 해도 잘 이겨낼 거라는 생각이 들었다.

이 젊은 친구는 워킹홀리데이를 다녀와, 그 경험을 책으로 엮어 작가가 되었다. 그 후 어디를 가나 작가라는 칭호로 대우해주니 매우 행복하다고 했다. 젊은 친구는 키가 크고 날씬하고 모델 같다. 입는 옷마다 주위 사람들에게 호감을 사고, 또 본인도 옷을 좋아해서 의류 장사를 하고 싶다고 했다. 내가 보기에 감각도 있고, 어느 정도의 경험만 얻으면 잘할 것 같았다.

젊은 작가와 그 친구는 먼저 남대문 시장을 갔었다고 한다. 시장 조사차 갔었다고 한다. 그런데 아무런 소득 없이 돌아와 헛수고만 했다는 생각이 들었을 때 내가 떠올랐다고 한다. 어떤 장사를 어떻게 해야 할지 도움을 받고 싶었단다.

동대문 역사박물관 1번 출구 앞에서 내가 물었다.

"어떤 장사를 할 생각이에요?"

"액세서리 장사를 해보고 싶어요."

액세서리 가게는 보기에는 화려하고 멋지게 보인다. 장사가 안 되면 재고는 쌓이고, 장사가 안 돼도 임대료는 제때에 꼭 내야 한다. 나는 이렇게 제안했다.

"정말 장사가 하고 싶으면 남의 매장에서 월급쟁이로 1년 정도 해보고, 내 가게를 여는 것이 좋을 것 같아요."

나는 두 번째 제안을 꺼냈다.

"내가 직접 제품을 만들면 좋아요. 요즘은 개성시대잖아요. 누구나 새로운 상품, 새로운 디자인을 선호해요. 재료들은 사다가 구슬을 꿰어서 만들면 돼요. 남들이 생각지도 않았던 재료들을 잘 찾아보세요."

대학교 때 우리 학교 교수님이 전깃줄을 재료로 만든 브로치를 전시한 적이 있었다. 참신한 재료에, 빨강, 검정의 조화에 신비롭기까지 했었다. 그것은 시중에 전혀 없는 디자인이었다. 요즘 소비자들은 그처럼 개성 있고 특별한 디자인을 선호한다.

나는 젊은 작가 일행을 데리고 종합원단 시장에 갔다. 디자인에 따라 원단 고르는 법, 다양한 색채의 기능 등을 설명하고, 5층에서 다양한 액세서리들을 돌아보았다.

"다양한 종류의 액세서리를 옷에 활용하고, 나만의 독창적 디자인으로 포인트를 준다면, 남들에게 없는 멋진 패션이 되겠지요."

나의 이야기들을 젊은 작가 일행은 귀담아들었다. 쓴소리일 수도 있었을 텐데, 변화를 꿈꾸는 그들의 자세는 진지했다. 나는 그들이 창의력을 발휘해 성공하리라 믿어 의심치 않는다.

액세서리 하나로 참신하고 독보적인 패션을 만들 수 있듯이 작은 변화로 혁신을 이룰 수 있다. 중요한 것은 마음가짐이다. 늘 변화를 준비하고 있어야 한다.

04

부모님에게
공을 돌립니다

한 달에 한 번 만나는 '책 둥지' 모임이 있는 날. '《나는 동대문 시장에서 장사의 모든 것을 배웠다》를 쓴 이후의 달라진 나의 생활'이라는 주제로 대화를 나눴다. 그 책은 나의 졸저이자 첫 책이다.

"이미 제 책은 다 읽으신 분이 많으시기에 물어보고 싶은 것을 자유롭게 질문해주세요."

그때 한 분이 말했다.

"이순희 작가님은 훌륭하신 부모님 만나서 행복하시겠어요."

그 말에 깜짝 놀랐다.

"네, 감사합니다. 책 어느 부분에서 그런 느낌을 받으셨나요?"

"이순희 작가님의 책을 보면서 저에게는 나를 다시 돌아볼 수 있는, 인생의 터닝 포인트가 되었습니다. 감사합니다."

그분은 이렇게 감사인사를 건넨 뒤 사연을 풀어놓았다.

"저에게는 일류대학을 나오신, 최고의 엘리트 코스를 밟은 어머니가 계셨습니다."

"말 그대로 최고의 엘리트 집안이셨네요."

"저도 일류대학을 졸업하고 교편생활을 했습니다. 그러나 너무나 잘나신 저희 엄마는 '일류대학 나와서 겨우 선생이냐?' 하시면서 저의 자존감을 팍팍 깎아내렸습니다. 저는 자존감이 낮아질 대로 낮아졌지요. 퇴직 후 자신감 결여가 될 정도로 무엇을 할 엄두조차 나지 않았습니다."

그분의 얼굴이 어두워졌다. 그리고 이야기가 계속되었다.

"작가님의 글에 부모님이 '너는 커서 꼭 훌륭한 사람이 될 것이다.' 하시면서 어린 딸의 자존감을 높여주었다는 대목이 있더군요. 가난에 찌들어 힘들 때도 그렇게 다독여주는 부모님이 계셨기에 오늘의 '이순희 작가'가 탄생하신 것이라고 생각합니다. 그래서 저는 훌륭한 부모를 둔 이순희 작가님이 부럽습니다. 저는 아직도 자존감을 세우지 못해 무엇을 할 엄두도 내지 못한 채 살고 있습니다."

"네, 저도 요즘에 와서 느낍니다. 가난에 허덕일 때도 늘 저를 응원해주시고 믿어주신 부모님 덕에 오늘 여기까지 올 수 있었다는 것을요. 저도 어릴 때는 부자 부모를 둔 아이들이 부러웠습니다. '나는 왜 부자 부모가 없어서 이 고생을 하는 걸까?' 하고 가난한 부모님을 원망한 적도 있었습니다."

우리는 이 씨 왕가 손이다. 아버지는 옛날 아버지들이 대개 그랬
듯 평생 빗자루, 걸레 한번 집어든 적이 없다. 아랫목에 턱 버티고 앉
아만 계셨다. 그래도 양반에 대한 자부심만은 대단했다.

"너희들은 이 씨 왕가 손이다. 올바른 정신과 바른 몸가짐을 갖
고 정숙하게 살아야 한다. 항상 남에게 모범이 되는 행동을 보여야
한다!"

이 말을 귀에 못이 박히도록 했다. 듣는 나는 귀가 따가웠다. 하
지만 아버지는 당신의 말씀처럼 그렇게 행동하며 살았다. 그것은 귀
한 가르침이었다.

내가 예순이 넘었을 때였다. 친정엄마가 나를 볼 때마다 어린애
가 칭얼대듯 말했다.

"애야, 내가 힘이 있어 너를 도와줄 수 있을 때 공부해라!"

엄마는 큰딸인 나에게 공부를 못 시켜서 늘 노심초사하며 살았다.
엄마는 당시 보통학교를 졸업하고 중학교에 가려는 꿈을 꿨는데, 아
버지(나의 외할아버지)가 여자가 어디서 공부하느냐고 난리를 쳐서 중
학교를 못 갔다고 한다. 너무 속상해서 서울로 도망가려고 보따리를
쌌지만 함경북도에서 한 번도 가보지 않은 서울까지 도저히 갈 자신
이 없어서 포기했다고 한다. 엄마 역시도 공부를 못해서 한이 된 것

같았다. 그 한을 딸에게 대물림해주기를 바라지 않았던 것 같았다.
언젠가 엄마는 이렇게 넋두리를 했다.

"나도 그때 서울로 도망쳤더라면, 김활란 박사여성교육의 선구자, 최초
의 여성 박사, 이화여대 초대 총장처럼 됐을 것을……."

이러한 부모님을 두었으니 그분이 나를 부러워할 만도 했다.

내가 63세 때 엄마는 85세였다. 85세 노인이 63세 딸에게 더 늦
기 전에 공부하라고 재촉하는 풍경은 흔하지 않을 것이다. 그런 말
에 순종한 딸도 대한민국에 몇 명 안 될 것이다. 공부하라는 늙은 엄
마와 공부하는 늙은 딸. 그야말로 '그 엄마에 그 딸' 아닐까? 지금 엄
마는 95세, 나는 73세다. 2년 전 내가 척추 수술을 받는 바람에 엄마
는 지금 올케 집에서 지낸다.

"엄마, 건강하시지요?"

"그래, 나는 네 올케가 삼시 세끼 잘 차려 주니, 대우 받고 잘 산다.
네 건강 걱정해라. 한번 넘어지면 크게 다친다. 조심해라."

전화를 해서 안부를 물으면 엄마는 오히려 나를 걱정한다.

"네, 엄마. 나 박사 될 때까지 건강하게 잘 살아야 해요."

초등학교 졸업한 큰딸을 학교가 아닌 공장으로 보내면서, 그 딸
의 뒷모습을 보면서 엄마가 얼마나 마음 아파했을지 어렴풋이 짐작
이 간다.

마이크를 건네받은 다른 분은 오십대 여성으로, 우리 책 둥지 모임에 새롭게 참석한 분이다.

"작가님의 책을 다 읽고 제가 다시 일어설 수 있겠다는 희망이 생겼습니다. 저에게 동기부여를 해주셔서 감사합니다."

그분은 젊은 시절 미국에서 학교를 다니면서 그림 작가로도 활동했던 분이었다. 디자인으로까지 활동 영역을 넓히면서 꽤 잘 나갔다고 했다. 그런데 결혼과 동시에 아이를 키우게 되면서 가정주부의 삶을 살게 되었다. 세월이 흐르며 주위 사람들이 소위 높은 곳에서 한 자리씩 차지하는 모습을 목격하면서 자존감이 낮아지고 말았다. 도저히 다시 일어설 자신감을 갖지 못했다.

"《나는 동대문 시장에서 모든 것을 배웠다》를 읽으면서 '나도 다시 시작할 수 있겠구나' 생각했어요. '작가님처럼 힘들게 살아온 인생도 있구나' 하고 위안도 받았고요."

그분은 글쓰기에 관심이 있다고 했다. 재미를 느껴서 책을 쓰려고 몇 번을 시도했지만 도중에 자신감을 잃어버려서 번번이 중단했단다.

"한적하거나 조용할 때는 글도 많이 쓰곤 했습니다만 끝까지 용기를 내지 못했습니다. '과연 내 책을 누가 볼까?', '안 팔리면 창피해서 어쩌지?' 이런 생각들에 휩싸였어요. 지금은 포기 상태입니다."

나는 내 의견을 말했다.

"책은 쓰면, 누구라도 보게 되어 있습니다. 단 한 사람이라도 내 책을 보고 감명을 받고 공감한다면 성공입니다."

그분이 되물었다.

"책 쓰기 힘들지 않으세요?"

"한 권 쓸 때가 힘들지 두 번째는 쉽습니다. 무조건 도전해보세요. 도전하는 자만이 성공할 수 있습니다. 헤밍웨이가 그랬잖아요. '초고 는 쓰레기'라고. 그러니 무조건 쓰세요."

나는 이렇게 덧붙였다.

"쓰레기가 썩어서 영양분을 만들어 아름다운 꽃을 피우게 하지 요. 용기 있는 자만이 성공할 수 있습니다. 책을 팔아서 돈 벌 생각 은 하지 마세요. 우리나라 독서 인구가 창피할 정도로 낮습니다. 성 인들의 1년 평균 독서량이 0.8권이라고 합니다."

그분이 대화를 갈무리했다.

"오늘 책 둥지 모임에 처음 나와서 새로운 용기가 생겼습니다. 저 에게 터닝 포인트가 될 수 있는 동기부여를 해주셔서 감사합니다."

그날 나도 책 둥지 회원들과 함께하면서 내 인생의 가치를 재발 견하게 되었다. 내 인생이 남들에게 용기와 희망을 줄 수 있을 정도 로 변하게 될 줄은 꿈에도 몰랐었다. 자그마한 노력이 모여 오늘의 나를 있게 했다.

그리고 부모님에게 공을 돌린다. 부모님의 가르침, 엄마의 훌륭한 유전자가 나를 성공으로 이끌었다. 우리 오남매 모두 마찬가지다. 오남매가 자수성가할 수 있었던 그 뿌리는 부모님이다. 엄마에게 늘 감사하며 살아가고 있다. 감사하며 여생을 마무리할 것이다.

05
성공한 사람들은 자세가 바르다

처음 동대문 시장에 들어갔을 때, 낯설고 삭막했다. 우리는 재산도 없고, 인맥도 없었다. 글자 그대로 빈손이었다. 가진 것은 할 수 있다는 정신적인 믿음뿐이었다. 그리고 하나가 아니라 둘, 부부라는 울타리였다.

나는 얼굴에 미소를 지으며 고객을 대하자고 마음먹었다. 미소는 나의 재산목록 1호라고 해도 과언이 아니었다. 동대문 시장에 들어오기 전 내 얼굴은 찌그러져 있었다. 한없는 수심과 좌절감으로 절어 있었다. 그래서 거울도 안 보고 살았다. 거울도 삶의 의욕이 넘칠 때 보는 것이지, 아무 희망도 없는 사람에게 거울은 사치품이었다. 나는 수심에 일그러진 내 얼굴과 마주하기 싫었다.

내 얼굴을 내가 보기 싫을 정도로 인상을 쓰고 있으니, 다른 사람

반듯한 걸음걸이, 반듯한 자세는
마음까지도 반듯하게 만드는 것을 느낀다.
고객들도 모두 내 걸음걸이가 씩씩하고 경쾌하다고 한다.

들이야 오죽했겠는가! 그러던 어느 날 지나가는 행인과 부딪치게 되었다. 그 사람이 "뭐야!" 하며 짜증스러운 표정을 지었다. 순간 이건 아니라고 생각했다. 찡그린 얼굴을 보여서는 삶도 펴지지 않을 것 같았다. 이후 나는 모든 것을 다 뜯어고치기로 마음먹었다.

걸음걸이도 연구했다. 다른 사람의 걸음걸이를 유심히 살폈다. 힘없는 걸음걸이는 인생을 포기한 걸음걸이라는 느낌을 주었다. 땅만 보고 걷는 걸음걸이도 보기 안 좋았다. 벌어진 팔자 걸음걸이도 싫었다. 흐느적거리는 걸음걸이는 더더욱 싫었다. 반듯하게 걸어야 했다. 나는 힘차게 걷는 연습을 했다. 시선은 약간 위에 둔 채 일자로 반듯하게 걸었다. 정신이 맑아지는 것을 분명히 느낄 수가 있었다. 연습을 반복하자 정신통일이 되면서 경쾌한 걸음걸이가 몸에 배었다. 몸과 마음이 반듯해졌다. 어느 순간 무엇이든 할 수 있겠다는 자신감이 깃들었다.

나는 항상 허리를 곧게 펴고 걸었다. 하지만 정신을 차리지 않으면 허리가 스르르 굽어졌다. 다시 폈지만, 힘이 들었다. 몸이 안 따라주니 마음만으로는 버거웠다. 어깨와 허리에 침도 맞고 물리치료도 받았지만 그때뿐이었다. 나는 운동을 해야겠다고 마음먹고 문화센터를 찾았다. 국선도 단전호흡에 등록하고 꾸준히 운동하면서 몸을 곧게 세우려는 노력을 했다. 10년 가까이 하니 허리에 기가 들어가며 저절로 반듯하게 서게 되었다.

대학 공부를 하던 어느 날 강의 시간에 교수님이 물었다.

"운동하시지요?"

나는 깜짝 놀랐다.

"어떻게 아세요?"

"의자에 처지지 않고 허리가 곧게 펴진 상태로 앉아 있으시네요. 보면 알아요."

국선도를 10년 가까이 한 덕분에 허리가 곧게 펴지면서 걸음걸이뿐만 아니라 자세도 반듯해진 것이다. 가랑비에 옷 젖듯이 오랜 세월을 두고 꾸준히 노력한 결과였다.

반듯한 걸음걸이, 반듯한 자세는 마음까지도 반듯하게 만드는 것을 느낀다. 고객들도 모두 내 걸음걸이가 씩씩하고 경쾌하다고 한다. 매장에서 내가 패션쇼를 하면 고객들이 따라서 해볼 정도다. 운동을 통해 건강뿐만 아니라 고객까지 얻은 것이다.

《퍼스트 클래스 승객은 펜을 빌리지 않는다》의 저자 미즈키 아키코美月あきこ는 국제선 스튜어디스로서 17년간 일한 경력이 있다. 그녀는 비행기에서 만난 300만 명의 성공 멘토들에 대해 이렇게 썼다.

성공한 사람들은 자세가 바르다. 그리고 시선의 각도가 높은 것이 특징이다. 자세가 좋은 사람은 범접하지 못할 당당한 분위기를 풍긴다.

행동거지가 당당한 사람은 정면을 바라보기 때문에 시선의 각도도 자연히 높아진다.

나는 약속 시간을 철저히 지킨다. 한 권의 책을 들고 미리 30분 전에 약속 장소에 나간다. 주위의 상권도 돌아보며 이곳은 장사가 활성화될 수 있는지, 어떤 품목의 장사가 잘될 것인지 등을 분석한다. 나에게 어울리는 의상도 찾아본다. 약속 어기는 사람을 기다리며 아까운 시간을 헛되이 낭비하지 않기 위한 지혜다. 나를 위한 배려다. 약속도 정확히 지키고 나를 위해 투자도 하는 일석이조의 효과를 얻는다.

그래도 상대방이 늦을 때는 책을 보면서 틈새 시간을 효율적으로 메운다. 그리고 뒤늦게 상대방이 나타나면 여유를 갖고 말한다.

"책 볼 시간이 있어서 좋았어요."

그러면 상대방은 진심으로 미안해하며, 또 고마워하며 나에게 신뢰를 보낸다. 이후에도 나와 좋은 관계를 지속하고 싶어 한다.

나는 약속 시간을 안 지키는 사람을 제일 싫어한다. 남의 황금 같은 시간을 아무렇지 않게 생각하는 사람은 더더욱 싫다. 그런 사람은 신뢰할 수 없다. 시간 약속을 안 지키는 사람은 대체로 사업도 못

하는 경향이 있다.

물론 어쩔 수 없이 늦는 경우도 있다. 그걸 알기에 나도 한두 번은 배려한다. 설령 약속을 안 지키기로 소문난 사람에게도 그렇게 한다. 그것이 대인관계와 세상살이의 기본자세라고 생각한다. 이 작은 배려는 나에 대한 신뢰로 돌아온다. 좋은 유대 관계, 긍정적인 인맥으로 발전한다.

나이를 먹었으니 좀 더 후하게 배려를 할 작정이다. 나이든 사람의 가장 큰 미덕은 우주도 안을 만한 넓은 포용력이 아닐까 싶다.

06

실패 이후 바라보아야 할 곳은
과거인가 미래인가

실패를 맛본 사람보다 오히려 한 번도 실패하지 않은 사람이 실패를 더 두려워한다. 어느 대학교에는 '어떻게 하든 실패해라'라는 교육 프로그램이 있다고 한다. 한쪽에서는 학교 망하게 하려고 하느냐는 우려의 목소리도 나온다고 한다. 개인적으로는 그런 프로그램을 환영한다. 실패는 너무나 훌륭한 산교육이라고 생각한다.

여하튼 실제로 실패를 당해보면 그 좌절과 괴로움은 말로 다 형언할 수가 없을 정도다. 죽음까지도 생각하게 된다. 관련 교육 프로그램 등으로 미리 실패를 연습해 본다면 그것 또한 좋은 경험이 될 수 있을 것이다.

내가 성공할 수 있었던 것도 실패의 경험 덕분이다. 실패는 내게 경력이자 이력이다. 실패는 내게 견디려는 의지와 버틸 수 있는 힘을 주었다. 정확하고 날카로운 판단력, 순간적으로 결정할 수 있는 결단력 또한 실패를 통해 얻은 것이다. 실패로부터 벗어나기 위해 돌파구를 찾으려는 노력, 그것이 나의 인생이었다.

실패를 예방하는 방법이 있을까? 내 경험에 비추어 한 가지 조심스럽게 제시한다면 뇌를 움직이는 것이다. 나는 한순간도 뇌를 가만히 놀게 놓아두지 않는다. 속된 말로 멍 때리고 있는 것은 죽은 것이나 똑같다고 생각한다. 그래서 항상 무언가를 갈구하며 뇌를 지속적으로 움직이게 하고, 창의적인 것을 보고 배우게 한다. 너무 원론적이고 두루뭉술한 이야기로 들릴지 모르겠지만 힘주어 말하고 싶다.

지금도 나는 사방팔방 돌아다니면서 누가 어떤 스카프를, 어떻게 코디하고 있는지 관찰하고 연구한다.

"우와, 저렇게 멋진 코디도 있구나!"

감탄이 나오는 코디를 만나면 나는 그것보다 더 멋진 코디를 고민한다. 너무 안 어울리는 코디를 목격하면 단점과 개선점을 동시에 생각한다. 이 모든 과정이 뇌를 움직이는 것이다. 디자인에 대해 생각할 때는 정말 뇌가 팽팽 돌아가는 느낌이다.

어느 날 강남역에서 전철을 탔다. 육십대로 보이는 우아하고 멋진 여인을 만났다. 그녀는 베이지색 상의와 약간 짙은 베이지색 팬츠를 입고 있었는데, 명도와 채도만 다른, 우아하고 세련된 코디였다.

가방과 구두는 조금 더 짙은 베이지색이었는데, 나의 오감을 자극했다. 나는 전철에서 내리면서 여인에게 미소를 보냈다.

"너무 멋지세요."

그녀 역시 미소로 답했다.

"감사합니다."

이렇게 뇌는 늘 살아 있어야 한다. 늘 살아 움직여야 한다. 움직이는 뇌는 미래 지향적이다. 움직이지 않는 뇌는 편안하게 안주하려 하고 쉴 생각만 한다. 좋았던 옛 시절만 곱씹으며 과거 지향적으로 나아간다. 도전 정신마저 잃어버린다.

'되고 싶다'와
'되기로 했다'

나는 작년 가을 학기에 박사 과정에 입학했다.

초등학교 졸업장이 전부였던 내게 대학 졸업장은 최고의 선물이었다. 석사 공부를 시작하면서 석사 학위는 더 큰 선물이 될 것만 같았다. 스카프 전공인 나는 장학금을 받으며 즐겁게 공부했다.

그런데 석사 논문을 쓰기 시작하면서 시련과 고난이 시작되었다. 왜 석사 공부를 시작해서 이렇게 힘들게 살아야 한단 말인가 하는 푸념까지 나왔다. 후회하며 머리를 두드리기도 했다.

스스로에게 말을 걸었다.

'그렇게 힘들면 그만두면 되지 무얼 고민하시나요, 주인님!'

'그걸 말이라고 하니? 그만두다니 체면이 있지. 어떻게 그만두니?'

'너무 힘들어 하시니까요.'

'됐어. 어차피 시작한 거, 끝까지 해볼 거야.'

'주인님, 그러실 줄 알았어요. 파이팅입니다.'

'고난을 이겨내는 자가 승리하리라!'

내면의 나와 대화하며 위로하고 힘을 얻었다. 고난 앞에 무릎을 꿇을 수는 없었다. 어린 시절 희미하게나마 품었던 교수의 꿈도 곱씹었다.

'내가 교수가 된다면 어떤 행복이 기다릴까? 어마어마하게 큰 강당에서 수백, 수천 명이 모인 자리에서 멋지게 강의하는 거야!'

그런데 질문이 솟아났다. 교수로서 존경과 사랑을 받으려면 어떻게 해야 할까?

'학생들보다 더 많은 지식과 경험을 쌓아야겠지? 그렇다면 책을 많이 읽고, 강의도 충실히 들어야 해. 실험 실습과 질의응답도 적극적으로 하고, 대화와 토론을 통해 스스로를 갈고닦아야 해.'

그러나 현실은 결코 만만치가 않았다. 중고등교육을 검정고시로 건너뛰었으니, 아무래도 기초공사가 부실했었다.

나로서는 새파란 젊은 학생들과 한판 겨루면서 어려운 강의를 듣는 것 자체가 여간 어려운 일이 아닐 수 없었다. 특히 꼬부라진 영어 표현과 고등수학 이론이 섞이면서 녹슨 나의 머리통은 솔직히 몽롱하기만 했다. 교정에서 마주치는 어떤 학생들은 나를 교수님으로 알고 깍듯이 인사도 하는데, 내 학식은 교수님 발바닥도 못 따라갔다.

그래도 이 늦깎이 대학생은 젊은 학생들의 두 배, 세 배, 아니 열 배 이상의 노력을 했다. 외국어 사전과 씨름해서 녹슨 머리에 기름기가 돌게 했다. 음대 수험생이 피아노 두들기듯 컴퓨터 자판기 연습을 미친 듯이 반복, 속기사처럼 안 보고 치는 기쁨도 맛보았다. 또한 같이 공부하는 학생들을 모두 내 개인교수로 모시고 과감히 지갑을 열었다. 그랬더니 '인기 짱'이 되어 과대표'로 선출되는 영광을 얻었다.

결국 각고의 노력 끝에 석사 학위를 받았다. 석사 학위를 받으며 덤으로 얻은 것이 있었다. 너무나 값진 선물, 그것은 바로 이마에 새겨진 인생 계급장이다. 주름이 한 고랑 패일 때마다 그 틈새에 지식이 배었다. 나는 그 인생 계급장을 가슴에도 새겼다. 행복했다.

나는 행복을 안고 글을 썼다. 지금껏 살아오며 썼던 일기와 저축해놓은 글을 모았다. 책이 한 권 만들어지면서 작가의 타이틀을 얻었다. 책이라는 산고의 고통을 겪으면서 고통 뒤에 숨어 있었던 성취를 발견하는 매력에 빠져들었다.

나는 교수가 되기로 마음먹었다. '되고 싶다'와 '되기로 했다'의 차이점은 무엇일까? '되고 싶다'는 그렇게 되면 좋겠다는 막연한 기대다. 되기 위해 행동할 수도 안 할 수도 있다. 반면 '되기로 했다'는 본인이 꼭 해내고야 말겠다는 선언이다. 스스로 행동 주체가 된다. 행동하지 않으면 되지 않기 때문이다. 나는 '되기로 했다'를 택했다. 이제 그 선택에 맞는 행동을 할 것이다. 교수가 되기로 했다. 그 꿈을 향해 한 걸음씩 앞으로 나아가는 오늘이 즐겁고 평화롭다.

어차피 살아갈 인생이라면 꿈을 향해 돌진해보는 것도 괜찮은 인생 아닐까? 본래 태어날 때는 누구나 빈손이지만 요즘에는 금수저나 흙수저를 들고 태어난다. 나는 흙수저를 들고 태어났다. 흙과 눈물을 섞어가며 인생을 살았다. 그 인생이 금빛으로 빛나기를 꿈꾼다.

교수가 되는 것 외에 나는 또 다른 꿈이 있다. 동대문 시장의 월드 스카프옛 수미사 이순희의 꿈은 '한국 사람들에게 스카프의 가치를 알리고 멋과 행복을 선사하는 것'이다. 수미사의 사업을 더욱 발전시켜 고객의 생활을 한층 더 업그레이드 하고, 희망과 행복을 함께 나눌 수 있는 길을 모색하는 과제가 남아 있다.

여담이지만 꿈이 있는 사람은 위대해질 수 있다. 훌륭한 위인들에게도 모두 꿈이 있었다. 세종대왕의 꿈은 '모든 백성들이 아주 쉽게 읽고 쓸 수 있는 우리나라 고유의 글자'였다. 마이크로소프트의 설립자 빌 게이츠와 폴 애런의 꿈은 '세계 모든 사무실의 책상 위와 모든 가정마다 한 대의 개인 컴퓨터를 놓는 것'이었다. 여러분은 어떤 꿈으로 어떤 위인이 되고 싶은가?

chapter 4

나이 먹은
사람들의
성공 원칙

01

육십 줄에 공부,
칠십 줄에 박사

나는 어렸을 때 다섯 살까지 말도 못했다. 엄마는, 내가 바보일까 걱정했었다고 한다. 진짜 바보처럼, 초등학교에 입학해서 며칠 다니더니 "오늘은 엄마 혼자 학교 가."라고도 했단다. 엄마만 안 보이면 울어서 엄마는 항상 내 눈에 띄는 곳에 있어야만 했단다. 아이들한테 맞고 들어오면, 동생들이 몰려가 대신 싸워주었다고 한다. 항상 남에게 양보만 해서 '착한 순희'라는 별명이 붙을 정도였다고 한다.

그렇게 아둔하고 유약했던 내가 목표한 바는 끝까지 성취하고야 마는 열정의 여인으로 변했다. 어린 시절의 인내력이 나를 180도 변하게 만든 것 같다. 걸핏하면 울어서 울보 소리도 들었지만, 내 안에는 남이 모르는 괴력이 들어 있었던 모양이다. 그런 나였기 때문에, 지금의 나는 바보처럼 구는 아이들이나 엉엉 우는 아이들을 보면 어린 시절의 나를 떠올리며 미소 짓는다. '지금은 울고 있지만 저 아이는 커서 훌륭한 사람이 될 거야.'라고 믿음을 품곤 한다.

무엇이든 한 번 꽂히면 좌우를 돌아보지 않고 오로지 직진으로 달려가는 나였다. 동대문 시장에 들어갈 때도 그랬다. 나의 목표는 돈이었다. 돈을 벌려면 무엇이 우선되어야 할까? 고객이 제일이라는 결론을 내렸다. 상품보다도 사람, 인맥이 가장 필요하다는 것을 느꼈다.

인맥을 오래 이어가려면 신뢰감이 있어야 한다. 신뢰를 얻으려면 올바르게 행동하고 정직하게 고객을 대해야 한다. 그래야만 고객이 나를 신뢰하고 매장에 찾아올 것이다. 장사는 상품을 파는 행위이지만, 그 이전에 사람을 접하는 것이 먼저다. 고객에게는 주인이 가장 좋은 상품인 것이다.

나는 고객과 인맥을 맺기 위해 고객을 최우선으로 생각했다. 고객이 원하면 무엇이든 다 들어주었다. 스카프를 찢어먹고 갖고 와도 새것으로 바꾸어주었다. 현찰 내어달라면 내어주었다. 고객을 우선순위에 두겠다는 스스로와의 약속을 지키기 위해 손해도 감수했다. 시간이 지나자 손해는 이익으로 바뀌었다. 손해 본 이상으로 수입이 들어왔다. 희로애락의 흐름 속에서 수미사는 순탄하게 나아가게 되었다.

나는 경리 업무를 배운 적도 없었다. 돈이 들고 나는 것을 어떻게 관리해야 할지 몰랐다. 그래서 들어오는 돈은 무조건 은행에 저축했다. 매장에 있는 돈통은 단단히 걸어 잠근 채 엉덩이를 깔고 앉아 지켰다. 새어나가는 돈이 없는지 정신을 똑바로 차리고서. 그리고 자린고비가 되어 절약했다. 돈을 관리할 줄도 모르는 입장에서 돈을 벌려면 그 수밖에 없었다.

경영철학이 있는 것도 아니었다.

'단돈 천 원이라도 생각하고 또 생각한 다음에 지출한다. 벌어놓은 다음에 쓰자.'

경영철학을 말하라면 이것뿐이었다. 밥 먹는 것 외에 지출은 전혀 안 했다고 해도 과언이 아니다. 자린고비는 물론 스크루지 영감까지 되어 살았다. 그러다 보니 남을 도울 생각은 하지 못했다. 정말이지 내 발등의 불을 끄는 것만도 벅찼다. 내 새끼 입에 밥을 넣어주는 것이 우선이었다.

빚으로 시작한 장사, 빨리 빚을 갚아야 한다는 생각에서 벗어날 수 없었다. 남의 돈을 빌린 사람은 죄인 아닌 죄인이었다. 빌린 돈 이자 내는 날은 왜 그리 빨리 돌아오는지! 비바람 불어오고 눈보라 치고 둑이 터져 홍수가 덮쳐도 빌린 돈 이자 내는 날과 매장 임대료 내는 날은 꼬박꼬박 잘도 돌아왔다. 어떻게 날이 가는지도 모른 채 5년을 내처 살아냈다. 그리고 우리는 사글세를 면하고 집을 마련

할 수 있었다.

우리는 북아현동의 32평 아파트를 사면서 반은 은행융자를 얻었다. 절약정신은 저절로 더 투철해졌다. 2년 만에 융자금을 다 갚을 수 있었다. 대출금을 갚는 동안 단돈 천 원 한 장도 허투루 낭비하지 않고 살아온 결과였다.

매장도 살 수 있었다. 매장까지 내 것으로 만들자 가로수의 빨간 단풍이 눈에 들어왔다.

'나도 이제는 부자다. 이제부터 다리 좀 펴고 살아도 되지 않을까?'

하지만 다리를 쭉 펴자마자 청천벽력 같은 IMF가 나를 완전히 기절시켰다. 그러나 잠시 기절했던 나는 다시 일어나야 한다는 각오를 다지고 또 끈질기게 살아냈다.

"여기까지 어떻게 살아온 인생인데!"

위기는 기회라는 말이 있듯이 IMF는 새로운 기회로 전환되었다. 내 인생 가장 명확하고 빠른 결단력으로 나는 일평생 최고의 극복기를 써냈다. IMF 극복 이야기는 나의 첫 책《나는 동대문에서 장사의 모든 것을 배웠다》에 자세히 나와 있다.

긴박했던 IMF는 나를 의지의 여인, 도전의 여인으로 만들어주었다. 한번 이루어 놓은 위기극복의 성과는 자신감과 긍지를 끌어올렸다. 60세가 넘어 중학교 검정고시에 도전할 수 있었던 힘과 용기도 그때 비롯되었다.

울창한 숲속에 오솔길을 내기는 힘들다. 많은 가시덩굴을 헤쳐야 하고, 때로는 사나운 맹수와 사생결단 싸워야 하고, 독충의 위협도 무릅써야 하고, 거친 비바람도 이겨내야 한다. 그러나 한 번 길을 내면 그 길은 자유와 행복을 안겨다준다. 시련과 고난을 이겨냈다는 기쁨과 희열을 선사한다. 또한 그렇게 길을 내본 사람은 어떤 숲이든 길을 내기 위해 거침없이 도전할 수 있다. 그것이 삶의 법칙이다.

내 나이 육십 줄에 공부를 시작했다. 지금은 칠십 줄에 들어섰다. 박사 공부에 도전하면서 나이는 물리적인 숫자에 불과할 뿐이라 생각했다. 나는 여전히 젊은이 못지않게 열정적으로 공부하고, 스카프를 만들며 인생을 즐기고 있다. 꿈이 있으니 늙지 않고 있다. 나는 육십에 이모작을 했다. 그리고 칠십에 삼모작을 했다. 누구나 다 할 수 있다. 용기만 있다면.

02
미련해서 공부할 수 있습니다

"엄마! 기자분이 엄마 찾아요."

"어디 신문사 기자분인데?"

내가 매장 안에서 나오자 기자가 명함을 건넸다.

"네, 안녕하세요. 대한민국 대상 위원회에서 주최하는 '2018 자랑스러운 대한민국 대상' 심사에 이순희 작가님이 뽑히셨어요. 상 받으러 오세요."

'어머, 이게 어머 무슨 소리야?'

갑자기 상 받으러 오라니, 사전 연락도 없었다.

나중에 기자의 명함을 확인하고, 인터넷을 뒤져보았다. 대한민국 운동본부에서 신상진 국회의원이 하는 행사였다.

'이런 상도 있었구나!'

여하튼 상을 준다니 기분이 나쁘지는 않았다.

며칠 뒤 아침, 남편이 자고 있는 나를 깨웠다.

"여보, 일어나. 당신한테 택배 왔는데, 안 뜯어봐?"

"나한테 올 데가 없는데? 어? 남자 이름이 적혀 있네."

옆에 있던 남편, 남자라는 말에 얼른 다가와 "내가 뜯어줄게." 한
다.

"액자잖아?"

"액자? 아하, 그거 상 받은 거야."

"무슨 상?"

나는 기자가 매장에 찾아왔던 이야기를 꺼냈다. '2018 자랑스러
운 한국인 대상'에 뽑혔다는 사실도 그제야 밝혔다.

"상 받으러 오라고 해서 혼자 갔는데, 플래카드에, 꽃다발에 난
리도 아니었어."

남편뿐만 아니라 아이들도 왜 혼자 갔느냐고 난리를 쳤다. 나중에
동생들한테도 밝혔더니, 동생들도 난리였다.

나도 가족 친지들이 몰려와서 축하해주면 좋겠다는 생각을 안 해
본 건 아니다. 하지만 우선 남편 눈치가 보였다. 요즘 나는 소위 잘
나가고 있었다. 반대로 남편은 칠순이 넘어 할 일이 없어지자 점점
자신감을 잃으며 작아지고 있었다. 동생들에게도 은근히 미안했다.
같이 늙어가는 처지에 일흔 넘은 큰언니만 잘되고 있으니, 왠지 폐

나이 들어도, 미련해도 성공할 수 있다.
성공할 때까지 끝까지 가다 보면 끝이 보인다.
그 끝은 밝을 것이다.
도전해 보지도 않고 미리 포기하지 말자.

를 끼치는 느낌이었다. 그래서 나는 비밀리에 혼자 상을 받으러 간 것이다.

시상식장은 여의도 국회의사당이었다. 처음 가본 국회의사당은 먼 데서 보았을 때보다 엄청 컸다. 시상식장인 헌정원憲政院에 들어섰을 때 많은 사람들이 있어서 놀랐다. 많은 꽃다발이 오가는 것을 보면서 솔직히 '누구라도 오라고 할걸!', 후회막급이었다. 사진 한 장은 기념으로 남겨야 할 것 같았다. 그래서 카메라맨이 찍은 사진을 액자로 제작했다. 그 액자가 집으로 배달된 것이다. 나는 페이스북에 시상식 사진을 올렸다. 순식간에 소문이 퍼지면서 백 명이 넘는 '페북 친구들'이 '좋아요'를 눌러주었다.

사위들이 메시지를 보내왔다.

"어머님, 축하드립니다. 우리 집안의 영광입니다."

조카사위들의 메시지도 날아왔다.

"이모님, 축하드립니다. 이모님은 상 받으실 만하세요."

나는 답장을 보냈다.

"사위들 감사해요. 내 사위가 되어줘서 고맙고 감사합니다."

여러 모임에서도 축하 메시지가 쏟아졌다.

"올해 상복이 터졌어요. 축하드려요!"

학교 공부하랴, 강의 다니랴, 모임 나가랴, 친구들 만나랴 정신없는 시간을 살고 있다. 기업총수들이 비서를 두는 이유를 알 것 같았다. 요즘은 만나는 사람마다 나를 보면 이렇게 말한다.

"존경합니다. 저도 늦었다고 생각했습니다만, 작가님을 뵈면서 용기와 희망을 갖게 되었습니다. 감사합니다."

행복하다. 꿈과 희망을 잃은 사람들에게 꿈과 희망을 주었으니 어찌 행복하지 않겠는가. 하루하루가 행복의 연속이다. 초등학교 출신인 내가 어찌 이런 날이 오리라 상상인들 했겠는가? 검정고시 공부를 하면서 쉬운 수학문제 세 개를 못 풀어 문제와 답을 노트에 쓰면서 외울 만큼 미련했던 내가 말이다.

세상 살 맛이 난다. 초등학교 졸업 후 친구들은 하얀 칼라(에리)를 빳빳하게 세운 블라우스와 감색 교복을 입고 학교에 가는데, 나는 공장으로 향해야 했다. 친구들 보기가 창피했었다. 나는 왜 학교도 못 다니고 공장으로 가야 하는지 남 몰래 흘린 눈물로 옷을 적신 적이 한두 번이 아니었다. 칠순 줄에 들어서 이게 웬일이람. 칠순 줄에 들어서도 무엇이든 할 수 있다는 자신감에 차 있는 내가 놀랍기만 하다.

오늘의 내가 있는 건 정말 미련스러울 만큼 노력한 덕분이라고밖에 표현할 수 없다. 언젠가 더운 계절에 책과 씨름했던 때가 있었다. 책에 빠져 있다 보니 더운 줄도 모르고 있었다. 저녁식사 준비를 하러 부엌으로 가는데 머리가 무겁고 어지러웠다. 그 모습을 보고 남편이 핀잔을 주었다.

"당신은 어떻게 보면 미련스럽기 짝이 없어. 이렇게 더운 삼복더위에 옥탑방에서 책을 볼 수가 있어?"

"여보, 왜 이렇게 머리가 무겁고 아플까?"

"당신 더위 먹은 거 아냐? 빨리 병원에 가봐."

"설마?"

설마 하면서 병원으로 향했다. 땅에서 올라오는 열기에 거리는 한증막 같은 분위기였다. 그제야 나는 '이렇게 더운 날씨였구나.' 하고 생각했다.

주치의나 다름없는 여의사가 물었다.

"더위를 먹었네요. 이 더운 날 무엇을 하셨기에?"

"제가 좀 미련해요, 옥탑방에서 책을 읽다가 심취해서 더운 줄을 몰랐어요."

"아, 그러셨군요. 하지만 '그러셨기에' 지금 그 연세에도 공부하실 수가 있는 거죠. 존경스럽습니다."

"미련스러운데, 존경이라니요?"

"삼복더위에 옥탑방 무척 덥습니다. 조심하세요."

"잠깐 들여다본다는 것이, 저도 모르게 시간이 갔네요."

"그건 미련스러운 게 아니라 집중력이 좋은 거예요."

'아하, 때로는 미련스러운 것도 좋은 것에 속하는구나. 집중력이라는 단어로 변환될 수 있는구나.'

나는 속으로 생각하며 혼자 웃었다.

요즘도 남편은 가끔 나를 놀리고 있다.

"당신은 어느 때는 참 미련스러워."

"여보! 미련한 게 아니라 집중력이 좋은 거예요. 전에 여의사가 그렇게 말했던 거 잊었어요?"

공부를 향한 나의 마음은 아직도 청춘이다. 그런 나를 보고 다른 사람들은 깜짝 놀란다. 나는 당연한 일을 하는 것인데 왜 놀라는지 모르겠다. 하면 되는 것을, 자신이 좋아하는 것을 하며 살면 되는 것을 놀랄 이유가 무엇인지.

나이 들어도, 미련해도 성공할 수 있다. 성공할 때까지 끝까지 가다 보면 끝이 보인다. 그 끝은 밝을 것이다. 도전해 보지도 않고 미리 포기하지 말자.

03

3일간의 행복과
여생의 행복

1960년 무렵의 우리나라는 노동집약적 산업이 발달하던 때였다. 특히 옷을 만드는 봉제공장의 활성화로, 빠른 손놀림이 필요했다. 초등학교를 갓 졸업한, 고사리 같은 손을 가진 어린 여성들이 요구되었다. 우리 가족은 아버지가 하는 사업이 잘 안 되어 엄마의 행상으로 근근이 살아가는 처지였다. 아버지를 따라 서울에서 부산으로, 또 인천으로 초등학교를 네 군데나 옮기면서 간신히 졸업했다.

엄마의 행상으로 겨우겨우 생계를 이어가는 환경 속에서 나는 초등학교를 졸업하자마자 바로 공장에 취직했다. 식구들 생계가 막막하던 차에 나의 월급으로 문제가 해결되었다. 엄마는 한 시름 놓았지만 한편으로는 공부를 못 시킨 것에 대한 자책감으로 괴로워했다.

"너는 커서 훌륭한 사람이 될 거야. 꼭 잘돼야 한다. 너는 우리 집안의 기둥이다."

엄마는 늘 이렇게 나를 위로하고 격려했다. 공장에 다니며 힘들어 하는 딸을 늘 가엾게 여겼다.

어느 날, 엄마가 나에게 선심을 썼다. 당시에는 집집마다 열 달 할 부로 물건을 팔러 다니는 행상이 있었다. 그 행상을 통해 처음으로 시계를 사준 것이다. 시곗줄은 가죽이었는데, 색깔은 기억이 나지 않 는다. 육십년 세월 속에 시계의 모습은 아련하게 잊혀가고 있지만, 그 시절의 감동은 고스란히 남아 있다.

그러나 시계를 받은 그 순간 느꼈던 행복은 너무나 짧았다. 삼 일 만에 끝이 나고 말았다. 그때 그 시절의 만원버스는 아귀다툼의 생지 옥이었다. 버스 안내양은 승객들을 밖에서 안으로 욱여넣고는 본인 은 차문에 매달려 서커스하듯 달렸다. 출퇴근 시간 버스 안은 어김없 이 전쟁터로 변했고, 안내양은 장렬하게 버스 출발을 알리는 '오라이 All Right, 올 라잇'를 외쳤다.

그래도 지금 생각해 보면 그 시절의 승객들은 요즘 승객들처럼 짜 증을 낸다거나 다투는 일이 드물었다. 버스 안에서 이리 부딪히고 저 리 부딪혀도 목적지에 다다르면 무사히 온 것이 다행이라는 듯 툭툭 털고는 집으로 향했다. 반겨줄 가족들을 생각하며 발걸음을 재촉했 다. 살기 어려운 시절이었지만, 다 같이 살기 어려워서였는지 서로 위로하고 토닥이는 풍경이 자주 펼쳐졌다. 순수하고 정감 어린 시대였다. "멀리 있는 친척보다 가까이 있는 이웃사촌이 났다."라는 말이 통하던 시대였다.

문제는 이 순수함이 쨍 하고 깨지는 일이 일어난 것이다. 그날 귀갓길에도 나는 만원버스에서 시달렸다. 그리고 버스에서 내리자마자 나를 기쁘게 해주는 시계를 보려고 왼팔을 들어올렸다. 그런데 내 손목에는 아무것도 없었다. 하얀 살결만 보였다.

"어? 내가 잘못 봤나?"

눈을 비비고 다시 확인했지만, 없었다! 나는 가늘고 흰 손목만 멍하니 쳐다보았다.

'이를 어쩌지? 버스 안에서 쓰리소매치기 맞았나?'

나의 발은 석고가 된 듯 그 자리에 달라붙어버렸다. 너무나 황당하고 어이가 없었다. 태어나서 처음으로 받은, 그것도 없는 돈에 엄마가 마련해준 시계인데……. 나는 멀어지는 버스의 뒤꽁무니만 하염없이 바라보았다. 눈물이 주르르 흘렀다. 억울하고 원통했다. 나의 기쁨이자 행복이었는데! 엄마한테 미안하고, 야단맞을까 겁도 났다. 아무리 믿기지 않아도 이 일은 현실이었다. 가냘픈 나의 손목에 묶여 있던 시계가 다시는 돌아올 수 없다는 현실을 받아들여야 했다.

"엄마! 나 시계, 버스 안에서 쓰리 맞았어."

방에 들어가자마자 두 다리 뻗고 대성통곡을 했다.

"어휴, 나쁜 놈! 그렇게 힘들게 벌어서 산 시계를⋯⋯!"

엄마도 안타까워했다. 하지만 엄마는 곧 마음을 정리하고는 내게 말했다.

"나중에 다시 사줄게."

그 후로 나는 시계를 차본 적이 없다. 엄마는 다시 시계를 사주지 못했다. 얼마나 살기 힘들었으면 그 손목시계 하나를 못 사주었겠는가? 엄마의 마음이 얼마나 아팠을지⋯⋯. 지금 생각해도 엄마가 안쓰럽다.

남편과 결혼하면서 결혼예물로 시계를 받았다. 일평생 시계선물에 대한 기억은 그것이 전부다. 언젠가 딸네 집에 갔을 때 손주들의 예쁜 시계가 아무렇게나 이리저리 굴러다니는 것을 보았다. 열세 살 어린 시절, 잃어버린 시계, 엄마의 선물이 떠올랐다. 아픈 기억에 가슴이 무거워졌다. 요즘엔 아이들 손목시계쯤은 귀한 물건 축에도 들지 않는다. 풍요로운 시대에 태어난 손주들이 부럽기도 하다.

95세 된 엄마는 지금도 가끔 '시계의 추억'을 꺼낸다. 시계를 잃어버리고 와서 엉엉 울던 내 모습을 이야기한다. 여전히 엄마 가슴에도 그때의 아픔이 남아 있다. 이제는 좀 잊어버리면 좋으련만, 얼마나 마음이 아팠으면 내려놓지를 못할까?

그때는 내 시계를 소매치기한 사람이 너무나 미웠었다. 난생처음

가져본 시계는 최고의 행복이었다. 세상에 오직 나 혼자만 시계를 차고 있는 기분이 들 정도였다. 나는 행복을 도둑맞은 것이다.

그러나 지금은 어느 정도 그 행복을 돌려받은 기분이다. 그 아픈 기억은 나를 성장시켰기 때문이다. 작가인 나에게 글이 되어주었기 때문이다. 작가에게 글감은 보물과 다름없다. 보물을 받았으니 시계 도둑을 미워만 할 수 없는 노릇이다.

남은 여생을 생각한다. 그리고 이렇게 다짐해본다.

"사회에 봉사하며, 모범이 될 수 있는 인간상으로 살기 위해 노력할 것입니다. 그것이 저의 마지막 삶입니다. 감사합니다."

04

열세 살 공순이에서
일흔 살 공순이까지

초등학교 졸업하고 열세 살이 되었다. 엄마의 행상으로 근근이 연명해온 우리 식구의 생활은 말이 아니었다. 어쩌다 잘 벌리는 날에는 쌀과 보리쌀을 한 되씩 사와 따뜻한 밥을 먹을 수가 있었다. 수입이 적은 날은 국수였다. 그러나 수입이 전혀 없는 날은 굶고 자야만 했다. 배가 고프면 잠이 안 왔다. 배 속은 꼬르륵꼬르륵 소리로 요란했다. 서글픈 소리였다. 밥 먹고 살 수 있는 유일한 길은 큰딸인 내가 돈을 버는 일이었다.

나는 식구들의 생계를 위한 유일한 희망이었다. 그 희망을 따라 학교 대신 봉제 공장으로 향하게 되었다. 공순이가 된 것이다. 나는 돈을 많이 벌어 우리 식구들 쌀밥 실컷 먹이겠다고 다짐했다. 굶으며 살았던 나는 밥 실컷 먹는 것이 최고의 부자인 줄 알았다.

식구들을 위해 돈을 벌겠다는 다짐은 했지만 마음 한구석의 열등감은 지울 수 없었다. 친구들은 교복 입고 학교 가는데 나는 공순이가 되어 공장으로 향하고 있었다. 하고 싶은 공부를 못하고 공장으로 가는 발걸음은 늘 무거웠다. 웃을 수가 없었다.

"순희야, 너 화나는 일이 있니?"

"아니요."

같이 일하는 아주머니가 물어보곤 했다. 웃지 않는 날이 반복되니 가만히 있어도 화가 난 사람처럼 보일 만큼 얼굴이 굳은 모양이었다.

그때는 중학교에 가려면 입학시험을 치러야 했다. 나는 중앙 여중에 시험을 쳤다. 4대 1의 경쟁률을 뚫고 합격통지서를 받았다. 하지만 내가 가야 할 곳은 학교가 아닌 공장이었다. 그런데 무엇이 즐거워 웃음이 나오겠는가? 그 시대는 가부장적인 문화가 지배하고 있었고, 그래서 공부는 남자의 몫이었다. 특히 가난한 집안에서는 더욱 그랬다. '맏딸'은 희생양이었다. 나도 맏딸이었다. '착한 딸 순희'라는 멍에를 진, 그 멍에를 순순히 지고 가는 착한 딸이었다. 착한 딸이어야 했다.

중학교 졸업자격 검정고시를 보기 위해서는 초등학교 졸업증명서를 제출해야 했다. 초등학교 졸업한 지 50년의 세월이 흘렀다. 몇 회 졸업인지를 기억 못 해 시간이 걸렸다. 찾았다는 연락을 받고 신촌 로터리에 있는 서울 창천초등학교로 달려갔다. 졸업증명서를 받는 순간 가슴이 뭉클했다. 초등학교 졸업증명서가 있다는 것만도 다행이었다. 나는 초등학교 때의 학적부도 받아 보았다. 가슴 아픈 대목이 있었다.

중앙여중 시험을 보아 합격은 했으나 지금은 행적이 묘연함

가슴이 아팠다. '나'라는 존재가 지워진 것도 모른 채 살아온 것만 같았다.

《나는 동대문 시장에서 장사의 모든 것을 배웠다》를 출간한 뒤 모르는 분들이 나를 알아 봐주었다.

"참 훌륭하시네요. 어떻게 그 힘든 공부를, 늦은 나이에 용기를 내셨어요? 작가님을 만나서 저는 반성하게 되었습니다. 다시 한 번 도약할 수 있는 용기도 얻었고요. 감사합니다."

"장하십니다. 환갑, 진갑 넘은 나이에 남들은 모든 것을 내려놓고 있을 때, 그 도전 정신이 부럽습니다. 우리를 부끄럽게 하시네요. 저에게도 새로운 희망이 생겼습니다."

"저의 멘토가 되어 주세요."

"오늘부터 저는 작가님을 멘토로 모시겠습니다."

이렇게 여러분이 칭찬도 아끼지 않았다. 그 칭찬은 존재감을 일

과거의 공순이는 숨기고 싶기도 하다.
실제로 숨기고 살기도 했었다.
그러나 열심히 일하던 그 공순이가 없었더라면
지금의 공부하는 공순이는 존재하지 않았을 것이다.
오늘의 나는 두 공순이를 똑같이 사랑한다.

깨워주었다. 중앙 여중 합격 후 "행적이 묘연"했던 '나'라는 존재가 다시 살아나는 기분이었다.

솔직히 고백하자면 이런 칭찬들에 처음에는 무안하기도 했다.

'예순세 살에 공부 한 게 대단한 일인가? 내가 무슨 존경받은 일을 했나?'

다른 사람들이 열광하며 칭찬할 일은 아니다 싶었다. 하면 될 것을, 나처럼 온 정신을 다 쏟으면 될 것을! 늦은 나이에 공부하는 건 대단한 일이 아니다. 하면 되는 일이다. 나를 부러워할 일이 아니다.

한 달에 한 번 만나는 동창생들이 있다. 초등학교만 졸업한 친구들이다. 언젠가 그 친구들에게 말했다.

"너희들도 공부해. 심심하지 않아서 좋아."

빈말이 아니었다. 나는 함께 고생한 친구들과 공부하면 참 좋겠다는 생각을 한 적이 있었다.

"순희야, 미쳤니? 머리 아픈 공부는 왜 하니? 우리는 살아가는 데 불편한 것 아무것도 없어. 우리가 학교를 못 다녀 배운 것은 없어도 남한테 폐 끼치는 것도 없고, 우리 할머니들한테 무식하다고 하는 사람도 없어. 그러니까 공부 좋아하는 너나 실컷 해."

나는 아쉬워서 다시 말했다.

"왜 싫어? 멋진 일이잖아? 대학교 교정도 걸어보고."

"나 운동하면서 좋은 대학교 교정 많이 걸어봤거든!"

"소귀에 경 읽기"라는 것을 느꼈다. 마음이 늙은 것이다. 환갑 넘으면 아무것도 안 해도 괜찮다는 사회 통념 때문일까? 그 통념에 따르는 것은 남이 만들어놓은 선을 넘지 않으려는 약한 마음 아닐까? 나는 남이 만들어 놓은 잣대에 나를 맞추고 싶지 않다. 스스로의 잣대에 맞추는 삶을 살고 싶다.

죽음을 각오하고 중학교 검정고시에 도전했던 나는 현재 대학교를 거쳐 박사 과정까지 밟고 있다. '공장 다니던 공순이'가 '공부하는 공순이'가 되었다. 과거의 공순이는 사실 부끄럽기도 하고 숨기고 싶기도 하다. 실제로 숨기고 살기도 했었다. 그러나 열심히 일하던 그 공순이가 없었더라면 지금의 공부하는 공순이는 존재하지 않았을 것이다. 두 공순이는 똑같이 귀하다. 오늘의 나는 두 공순이를 똑같이 사랑한다.

05
한 번은 미쳐보자

지인이 운영하는 인터넷 카페의 작가를 소개하는 프로그램에 출연한 적이 있었다. 스튜디오에서 다른 출연자 한 분과 같이했다. 자그마하고 아름다운 모습의 삼십대, 두 아이의 엄마였다. 촬영은 내가 먼저 했다. 나는 《나는 동대문에서 장사의 모든 것을 배웠다》를 소개하며 내가 살아온 과정, 위기를 기회로 소생시킬 수 있었던 이야기 등을 풀어놓았다.

내 순서가 끝나고 아기 엄마의 순서로 넘어갔다. 나는 그분이 자기소개를 하는데 깜짝 놀랐다. 스튜어디스로 일했었다는 것이다. 그분은 외모는 예쁘고 다부지지만 키가 작은 편이었다. 나는 스튜어디스의 자격 요건에 키가 162cm 이상이어야 한다는 조항이 있는 것으로 알고 있었다. 그분은 키가 158cm라고 했다.

'저렇게 키가 작은데 어떻게 스튜어디스가 됐지?'

궁금함과 호기심으로 촬영을 계속 지켜보았다. 1cm의 차이도 아니고 4cm의 키 차이를 극복했다는 것이 정말 믿기 어려웠다. 이력서에 키를 기재하니, 보통 사람이라면 지원조차 하지 않았을 것이다. 지원했다 하더라도 자격미달로 서류심사에서 탈락시켰을 것이다. 그런데 어떻게 그 심사를 통과했을까?

키 162cm라는 스튜어디스의 채용 조건은 외모를 보기 위한 것이 아니다. 비행기 짐칸의 문을 여닫거나 짐을 쉽게 넣고 빼려면 그 정도 키가 필수이기 때문이다. 즉 노동 조건인 것이다. 그런데도 두 아이의 엄마는 용감하게 도전했다. 수십 번을 떨어졌어도 도전을 멈추지 않았다. 그분은 키를 늘이기 위해 성형외과도 찾아갔었다고 한다. 키를 늘일 수 있다는 광고를 보고 찾아갔는데, "지금 허리가 똑바로 펴져 있어서 더 늘릴 수가 없어요."라는 소리만 듣고 돌아섰다고 한다. 전철에서는 무조건 손잡이를 잡고 매달리듯 다녔다고 한다. 조금이라도 팔을 늘이기 위한 작전이었다.

한번은 손가락을 늘이기 위한 인조장갑을 만들기 위해 의족센터에도 찾아갔었다고 한다. 손가락 하나씩은 여러 가지 여건상 안 되어서 손목 전체를 맞추는 데 오십만 원이 든다고 했다. 그다음은 실력을 길렀다고 한다. 영어는 물론이고 중국어, 일어도 능통할 정도로 실력을 향상시킨 것이다. 그래도 국내 항공사의 문은 열리지 않왔다. 그분은 외국 항공사로 눈을 돌렸다. 그리고 마침내 꿈을 이룰 수 있었다.

'외국 항공사에서 저분의 노력과 절실함을 높게 사지 않았을까?'

나는 남몰래 그런 생각을 해보았다. 노력과 절실함이 이루지 못할 일은 없었다.

나도 노력과 절심함으로 앞만 보고 달려왔다. 35년 동안 억척같이 장사하고, 목숨을 걸어 공부했다. 그리고 지금은 글도 쓰고 있다. 작가로서 열심히 노력하며 살고 있다.

'책을 써볼까?'

삶에 조금 숨통이 트였을 무렵 책을 쓰고 싶다는 생각이 들었다. 숨 고르며 쉬고 있는 시간이 아까웠다. 내게 맥 놓고 쉬는 삶은 감옥살이나 다름없었다. 그래서 나는 펜을 들었다. 일기장과 메모장에 내 이야기를 끄적거렸다. 살아온 이야기를 쓰다 보니 쉽게 글이 써졌다. 바로 책이 나올 수가 있겠다는 생각이 들었다.

'내 책은 베스트셀러가 될 거야!'

나는 즐거운 상상에 빠졌다. 그 상상은 유명 저자로서 강연을 하는 모습으로까지 나아갔다. '강연을 잘하려면 스피치 학원에 가야 하지 않을까?'

또다시 마음이 꿈틀거리고 있었다.

"그래. 나한테 쉰다는 것은 사치야!"

나는 그길로 스피치 학원에 등록했다.

길을 걸으면서도 학원에서 배운 스피치를 웅얼웅얼 연습했다. 이렇게 행복할 수가 있을까? 추운 계절이었는데도 베스트셀러 작가로서 강의하는 내 모습을 상상하니 훈훈하기만 했다.

'나는 도전의 여인이야. 도전이 나의 행복이야!'

나는 미친 사람처럼 웅얼웅얼대며 거리를 쏘다녔다.

'그래, 이순희. 너는 미쳤어!'

삼 개월 만에 탈고했다. 출판 계약도 끝마쳤다. 칠순에 꿈을 이룬 작가가 된 것이다.

"와! 세상에 이런 일이 일어나다니? 절실하게 바라면 안 되는 일이 없구나. 미치면 되는구나!"

살아가면서 가끔은 미칠 필요도 있는 듯하다. 나만의 세계, 나만의 즐거움, 나만의 목표에 미치는 것은 결국 행복한 '나'를 찾는 계기가 될 수 있다. 남들이 미쳤다고 손가락질해도 한 번은 미쳐보자. 괜찮은 인생이 될 것이다.

나는 거북이걸음으로
걸었다

나는 거북이걸음으로 걸었다. 급할수록 돌아가라는 옛말을 되뇌면서 살아왔다. 어떤 목표든, 그것을 달성하기 위해 전략적으로 생활 패턴을 다스리며 살아왔다. 모르는 것이 많아서, 아무것도 아는게 없어서 그런 전략을 세운 면도 있기는 하다. 그러나 나만의 길을 가려면 천천히 가는 게 상책이었다.

사람들이 그랬다.

"사람이 너무 착하고 순진해서, 남의 말만 듣다가 손해 볼 수 있어요."

착하고 순진하다는 것은 맞는 말이지만 남의 말만 듣는다는 것은 틀린 말이다. 나는 일단 다른 사람의 말을 모두 귀담아듣는다. 다음엔 옳고 그름을 분석하고, 판단하고, 결정한다. 그래서 거북이걸음으로 걸어야 한다. 여하튼 좋은 결정인 적이 더 많았다. 하지만 사람들 말대로 손해를 본 적도 있다. 인정에 끌렸다가 믿고 있던 사람에게 발등을 찍히기도 했다. 그렇게 손해를 봤어도, 경험을 얻은 것으로 충분했다.

실수하고 손해 보면서, 나는 많은 것을 배우고 느꼈다. 정신력이 강해졌다. 자기 이익을 위해 나쁜 마음을 갖고 남에게 손해를 끼치는 사람치고 마지막까지 잘되는 사람은 없다. 끝이 안 좋은 것을 많이 보았다.

살아 보니, 돈이란 한 가지 일에 목적을 두고 깊이 파고들어 꾸준히 노력할 때 따라오는 결과물이다. 남에게 손해 끼치지 않고 정직하고 올바르게 생활하다 보면 돈은 내가 노력한 만큼 저절로 따라왔다. 돈을 벌고 싶다면 현재 자신에게 필요한 우선순위가 무엇인지를 확인하자. 그리고 그것을 위해 절실함으로 전진하자. 전진하되 정도를 걷자.

나는 절실하게 돈이 필요했었다. 돈을 벌어들이려면 많은 고객을 우리 매장으로 불러들여야 하는데, 좋은 방법이 있을까 고민했다. 곰곰이 생각해보니 그것은 결국 그 사람을 인정해 주는 것이었다. 고객을 있는 그대로 인정하니 고객이 매장을 찾아주었다. 나와 인맥을 맺게 되었다. 한 사람을 인정하는 일이 생각보다 쉽지만은 않다. 그것이 가능하려면 먼저 자신을 반듯하게 세워야 한다. 판매 사기, 거짓 인터뷰, 가짜 뉴스 등이 판치는 요즘은 더욱 진정성이 요구되는 시대다. 상인이라면 고객에게 진정성으로 다가가야 한다.

고객도 진정성을 원한다. 상품이 마음에 들어도 주인이나 판매원이 불친절하거나 무시하는 행동을 하면, 아무리 좋은 상품이라도 고객은 사지 않고 그냥 나가 버린다. 소셜 네트워크의 발달로 구매 루트가 확장되어 선택이 폭이 넓어진 요즘엔 더욱 그러하다. 따라서 장사를 하려면 친절한 말과 행동, 미소가 기본이 되어야 한다. 물론 이것은 일상에서도 해당된다.

바쁘게 살다가 영양크림을 미처 마련하지 못한 적이 있었다. 아침에 화장하면서 영양크림이 바닥난 것을 알았다. 사야지, 사야지 며칠을 벼르다가 학교 갔다 오는 길에 전철 역사 안 화장품 가게에 들렀다. 물건을 한참 보고 있는 데도 판매원이 다가오지 않았다. 컴퓨터만 보고 있었다. 판매원은 앳되게 보이는 아가씨였다. 고객 맞이를 안 하고 컴퓨터만 들여다보는 행동을 이해할 수 없었다. 나는 그냥 나와 버렸다. 불친절한 매장은 굳이 팔아줄 필요가 없는 것이다.

내가 생활전선에 뛰어들면서 가진 첫 직장은 설렁탕집이다. 가게 앞에 붙은 '아줌마 구함'이라는 글을 보고 용기를 내서 들어갔다. 나는 직원이지만 내 가게처럼 주인의식을 갖고 일했다. 주인보다 일찍 출근하고 늦게 퇴근했으며, 고객이 들어오면 주인보다 더 친절하게 대했다. 휴지 같은 식당의 비품도 주인보다 더 아껴 썼다. 설렁탕집 주인은 할머니였는데, 나한테 이런 이야기까지 했었다.

"나 죽으면 이거 인수해라. 돈 잘 번다."

나를 인정한 것이다. 어디서든 주인의식을 갖고 일한다면 인정받을 수 있다. 자신이 주인이 될 수 있는 기회도 얻을 수 있다.

동대문 원단 매장에서 일하던 청년들 중에 그 기회를 잡은 이들이 있다. 10년 넘게 최선을 다해 성실하게 일한 그들은 주인의 인정을 받았다. 그들을 고용했던 사장님들은 따로 매장을 내주어 그들을 사장으로 만들어주었다. 사장이 된 청년들은 하나같이 매장을 잘 운영했다. 직원일 때부터 투철했던 주인의식이 빛을 발한 것이다.

어려운 고난 속에서 미소 띤 얼굴을 간직하기는 힘이 들었다. 그러나 목적을 위해서는 어떤 일이든 해야 했다. 돈이 드는 일도 아니었기에 부단히 노력해야 했다.

억지웃음도 짓다 보면 진정한 웃음으로 변한다. 미국의 심리학자 윌리엄 제임스와 덴마크의 생리학자 칼 랑게는 1884년과 1885년에 각각 "사람이 슬퍼서 우는 것이 아니라 울고 있기 때문에 슬퍼진다."라는 논문을 발표했다고 한다. 이를 '제임스-랑게' 이론이라고 하는데, 요즘 우리나라 웃음치료사들이 이를 뒤집어서 사용한다. "행복해서 웃는 것이 아니라 웃고 있으면 행복해집니다."라고.

나는 볼펜을 입에 물고 열심히 미소 짓는 연습을 했다. 볼펜을 입에 문 채 입꼬리를 올리는 연습, 심지어 광대뼈까지 올리는 연습을 했다. 입꼬리만 올리면 가짜 웃음처럼 보여서 광대뼈도 살짝 올려야 했다. 이 연습이 쉽지는 않았다. 그리고 의심도 들었다.

'억지웃음으로 과연 고객의 마음을 얻을 수 있을까?'

거울을 보며, 내가 미친 건 아닐까도 생각했다. 그래도 미소를 포기할 수는 없었다.

'진짜 미쳤다고 해도 지금 내가 할 수 있는 건 이것뿐이야. 이게 최선이야.'

미소 연습을 꾸준히 하다 보니 어느 틈에 나의 표정뿐만 아니라 언어와 행동도 긍정적으로 바뀌어갔다. 나의 미소에 고객도 행복해했다. 단골이 만들어졌다. 단골이 많아지면서 행복하고 즐거운 날이 계속되었다. 고객이 늘어나는 만큼 돈도 모이기 시작했다. 서서히 목적을 달성하는 길목에 들어서게 되었다.

물론 고객과의 마찰도 많았었다. 그런데 미소가 몸에 배니 그 마찰도 슬기롭게 피할 수 있었다. 미소는 양보다. 자신의 고집을 꺾는 행동이다. 그래서 힘은 들지만 힘든 만큼 가치가 있다.

"회사나 가게를 찾아오는 고객은 모두 신과 같은 존재이다. 따라서 두 손을 모으고 절을 하는 마음으로 고객을 소중히 대해야 한다."

일본의 대표적인 기업가 마쓰시다 고노스케의 말이다. 정말 실천
하기 어려운 말일 수 있다. 고객을 왕 대접하기도 어려운데 신으로
대하라니! 그러나 고객을 귀하게 여기는 마음가짐은 아무리 강조해
도 지나치지 않다. 나는 동대문 시장에서 돈을 벌기 위해 정말 간도
쓸개도 다 빼주었다. 그곳의 많은 상인들이 그렇게 했다. 그것은 우
리처럼 못 배우고 못 가진 사람들의 장사법이었다.

미소 연습을 꾸준히 하다 보니 어느 틈에
나의 표정뿐만 아니라 언어와 행동도 긍정적으로 바뀌어갔다.
나의 미소에 고객도 행복해했다.

07

결국은 인내력 싸움

"안녕하세요, 도전의 여인 이순희입니다. 저는 에세이를 출간
하기 위해 글을 쓰고 있습니다. 거의 마무리 되어가는 중입니
다. 제 책이 출간되면 여기저기 강의가 쇄도할 것입니다. 그때
를 대비해서 유능한 강사가 되기 위해 스피치 학원에 등록하게
되었습니다. 많이 도와주세요."

스피치 학원에서 자기소개를 하는 시간이었다. 나의 발표를 듣는
젊은이들의 얼굴에 놀라움이 어렸다. 안쓰러운 표정을 짓는 사람도
있었다. '저 노인이 돌았나? 책이 만들어지기도 전에 유명한 강사가
되기 위해 학원에 왔다고?' 대체로 이런 생각을 하는 분위기였다.
내 인생에 대한 글을 써서 나의 이야기를 필요로 하는 사람들과 공유하고 싶었다. 작가가 된다는 확신과 믿음도 있었다. 글을 쓰기 시작하면서 조리 있는 말과 정확한 발음으로 사람들과 소통하고 싶다는 생각도 들었다. 그리고 나는 작가가 될 자신이 있었다.

스피치 학원은 강남구 신사역 근처였다. 우리 집은 신사역과 한 정거장 차이인 논현역 근방이어서 가끔 걸어서 집에 오는 경우도 있었다. 때는 겨울, 늦은 밤 걸으면서 스피치 연습을 하면 겨울의 추위도 잊게 되었다. 영하 18도까지 떨어진 날에도 추운 줄을 몰랐다. 나는 모자 달린 파카를 주로 입었는데, 모자를 뒤집어쓰고 집을 향해 걸으면서 큰 목소리로 스피치를 연습하곤 했다. 한번은 지나가는 사람이 나를 힐끔 쳐다보고는 추워서인지 막 뛰어갔다. 나는 아랑곳하지 않고 연습을 계속하며 걸었다. 찬바람이 쌩 불어왔지만 입에서 이런 말이 튀어나왔다.

"아, 시원해. 이렇게 상큼할 수가!"

그저 신이 났다. 글을 다 쓰면, 출판사들이 내 책을 내겠다고 줄을 설 것이라는 확신이 생겼다.

결국 책을 썼다. 책을 쓰고 나니 하루아침에 인생이 180도 달라졌다. 강의 요청이 들어오기도 하고, 지인들이 추천해주기도 했다. 나의 꿈은 현실이 되었다.

언젠가 강연이 끝난 뒤 한 분이 이렇게 인사했다.

"작가님을 만나 행복합니다. 저는 지금 우울증을 앓고 있는데, 오늘 작가님 강의를 듣고 새 희망이 생겼습니다. 저의 멘토가 되어 주세요. 감사합니다."

그분은 간호사를 하면서 사업도 한 분이다. 60세가 가까워 오면서 이제 인생 다 살았나 하는 생각에 우울해져 있었는데 나의 강의를 듣고 기쁨이 충만해졌다고 했다. 그분은 인사를 하는 동안 내 손을 꼭 잡고 있었다. 나도 감동이었다.

또 한 분은 이렇게 말했다.

"희망의 증거가 되어주셔서 감사합니다. 언제 저의 학교에 오셔서 강의해주세요. 부탁드립니다."

"네. 희망의 증거가 되었다니, 영광입니다. 감사합니다."

이런 부탁을 한 분도 있었다.

"우리 조찬 독서모임에 오셔서 강의해 주세요. 모두가 감동의 스토리를 듣고 싶어 할 겁니다. 정말 대단하십니다. 훌륭하십니다. 근데 수원이라 좀 멀어서……."

"괜찮습니다. 저를 원하시는 곳이라면 어디든지 가겠습니다. 멀다는 것은 물리적인 거리일 뿐, 마음의 거리는 한 발짝밖에 안 되지요."

"하하, 감사합니다."

이런 질문도 받았다.

"아니, 어떻게 그 연세에 도전하실 생각을 하셨나요? 힘들지 않으셨어요?"

"왜 힘들지 않았겠습니까? 무엇이든 처음 시작할 때는 다 어렵고 힘들지요. 결국에는 인내력 싸움이에요. 데드 포인트Dead point, 死點라는 그 순간만 넘기면 그때부터는 쉬워집니다. 그리고 아예 죽을 각오로 덤벼들 때 모든 만물이 겁이 나서 도망가는 것을 느꼈습니다. 그 경이를 한 번만 느껴 본다면 그다음은 쉽게 도전할 수가 있습니다."

박사 과정 수업이 한 학기를 넘길 무렵이었다. 2주 후에는 1학기 방학인데, 마무리 수업으로 박사 논문 주제를 설정하고 가제목과 목차를 적어가야 했다. 그것을 여러 사람 앞에서 발표해야 했다. 그런데 무엇을 해야 할지 도무지 감을 잡을 수가 없었다.

"아이고 머리야! 수업 하루 빼먹을까?"

나는 이런 생각까지 했다가 마음을 고쳐먹었다.

"그래도 가서 다른 학생들 발표를 들어야겠지? 못하니까 배우는 거지, 잘하면 뭣 하러 배우러 다니겠어."

나는 확실한 논문 주제를 정하지 못한 채 당당하게 집을 나섰다. 강의실이 가까워오자 어깨가 점점 오므라드는 것이 느껴졌다. 발걸음도 따라서 점점 무거워졌다.

'내가 왜 박사에 도전해서 이렇게 주눅이 들어가며 공부를 하고

있지?'

잠깐 마음이 흔들렸지만 재빨리 마음을 다잡았다.

'아냐! 이왕 시작한 것, 열심히 노력해 보는 거야!'

나는 터벅터벅 걸어 강의실에 들어갔다. 곧 강의가 시작되고, 세 명의 발표가 이어졌다. 동기들의 발표를 다 듣고 이런 생각이 들었다.

'아니, 이 정도였어? 나만 못하는 게 아니구나. 남의 불행이 나의 행복이라더니, 못하는 것 보니까 힘이 생기네. 해볼 만하겠는데?'

기죽어 겨우 강의실에 들어왔는데, 희망이 생겼다. 생기가 돌았다. 또 한 번 새로운 고지를 탈환해보자는 의욕이 불타올랐다.

"네, 저는 아직 논문 주제를 정하지 못했습니다. 다음 학기에 연구해 보겠습니다."

나는 뻔뻔하게도 다음에 하겠다고 선언했다.

어떤 어려움도, 어떤 고난도 이겨냈거늘, 박사 논문 앞에서 왜 잠시 오그라들었는지 모르겠다. 그만큼 도전이라는 것이 힘든 일이라는 증거인 듯하다. 독자들과 청중들에게는 센 척하고서는 나도 모르게 약한 모습을 보였다.

돌진이다. 돌격하자.

지금 나는 이런 마음으로 박사 논문에 달려들었다. 여러분도 나약한 마음은 던져버리고 힘차게 도전하기를 바란다. 여러분의 성공을 기원한다.

chapter 5

나도
성공한다

01

이익과 손해 사이

손해 보면 안 되는 것은 장사의 원칙이다. 이익을 내야만 최소한 매장을 유지할 수 있고 생활도 안정된다. 그다음에 남에게도 자선을 베풀 수가 있는 것이다.

그러나 너무 이익에만 매몰되어서도 안 된다. 때에 따라서는 손해를 감수하며 다음을 기약할 수 있어야 한다. 내가 아는 형님은 페인트 가게를 하고 있다. 남편을 도우러 일을 나간 지 얼마 안 되었을 때일이다. 남편이 매장을 비웠을 때였다. 몇 년 단골손님이 유통기한이 한참 지난 페인트를 바꾸러 왔다. 엄연히 따지면 고객 잘못이었다.

"유통기한이 지나도록 가지고 있었던 건 손님 잘못이지요."

형님은 페인트를 바꾸어 주지 않았다. 원칙대로 행동한 것이다. 그런데 어떻게 되었을까? 한 달에 백만여 원의 이익금을 올려주던 단골고객이 다른 곳으로 가버렸다. 후회해봐야 소용없었다.

내 생각에도 변질된 페인트를 바꿔달라는 그 고객의 행동은 백번 잘못이다. 그래서는 안 되는 일이다. 그러나 한 달에 백만 원 넘는 고정 수입을 올려주는 단골이기에 몇 만 원의 손해를 감수하고 교환해주었다면 어땠을까? 고객은 계속 단골로 남았을 것이다. 돈 몇 만 원 손해 보지 않으려다 더 큰 손해를 본 본보기다.

어떤 장사든 처음에는 다 힘이 든다. 아무리 장사의 원리를 외쳐 봐야 소귀에 경 읽기다. 무조건 체험을 해야 장사가 수월해진다. 인간관계에서는 미묘한 대화에서 감정이 벌어지고 사소한 일에서 신경전이 벌어진다. 정말 돈을 벌고 싶다면 잘되는 매장에서 판매원으로 일해보고 생생한 경험을 온몸으로 체득하는 것이 좋다. 을의 입장에서 낮은 자세로 '나'를 죽이며 살아볼 수 있는 용기도 있어야 한다.

장사는 자존심을 다 내려놓고 시작해야 한다. 잘될 거라는 자신감을 가지고 있다 해도 자존심을 내려놓지 않으면 험난한 길을 걸어가기 힘들다. 목숨까지도 내놓겠다는 정신적 각오 없이 돈을 벌겠다는 막연한 생각만 있다면 애초에 시작하지 않는 것이 좋다. 남이 장사를 한다고 나도 잘할 거라는 생각은 착각이다. 현실은 그렇게 녹록하지 않다.

요즘 TV에서 요리의 신으로 스포트라이트를 받고 있는 백종원 씨도 이런 충고를 하지 않았는가.

"준비 없이 사업하면 십중팔구 실패한다."

"요식업의 성공 스토리를 믿는 대신 기본부터 쌓아라."

공부도 마찬가지다. 책가방만 들고 왔다갔다하는 것은 시간 낭비다. 손해를 보는 것이다. 적자 인생의 시작이다. 손해를 보고 살 것인가? 이익을 보고 살 것인가? 놀 때는 놀고 공부할 때는 확실하게 하는 것이다. 나는 학교 도서관에도 무언가를 얻으러 다닌다. 등록금을 냈으니 본전은 찾아야 할 것 아닌가. 계산을 해보았다. 새로운 지식 하나가 천 원이라면 열 개는 만 원, 백 개는 십만 원, 한 달이면 삼백만 원을 머릿속에 집어넣는 것이다. 일 년이면 삼천육백만 원을 버는 셈이다. 지식을 얻고 돈도 벌고, 일거양득이 아닌가.

도서관에서 열심히 공부하는 학생들은 본전을 뽑고도 남는 장사를 하는 것이다. 평생을 써 먹을 수 있는 학식의 가치를 돈으로 환산하기는 사실 어렵다. 외국어 공부까지 해서 한두 가지 외국어를 익힐 수 있다면 금상첨화일 것이다. 지구촌 경제 사회에서 외국어는 평생 무기가 된다.

힐러리 여사는 대학교 때 도서관에서 살았다고 한다. 젊어서 노력한 결과 국무장관으로 최고 인기를 누렸다. 세계 제일의 거부, 빌 게이츠는 "오늘의 나를 있게 한 것은 우리 마을 도서관이다. 하버드 졸업장보다 더 소중한 것이 책 읽는 습관이다."라고 말했다. 이들을

한 번뿐인 인생 무언가 흔적을 남기고 가야 하지 않을까?
나는 책으로써 그 흔적을 남겼다.
누구나 책 한 권 정도는 인생의 마무리 차원에서
필요하지 않을까 생각해 본다.

보고도 도서관에 가지 않을 것인가?

늦은 공부를 한 나는 머리가 굳어서 많은 고생을 겪었다. 젊어서 지금처럼 노력했다면 훌륭한 인재가 되지 않았을까 생각도 해보았다. 누구든 젊었을 때 공부벌레가 된다면 어떤 분야든 더 쉽게 성공할 수 있을 것이다.

책을 읽어야 한다. 책 속에 모든 것이 들어 있다. 돈을 벌 수 있는 길, 친구를 얻을 수 있는 길, 출세하는 길, 지혜를 얻을 수 있는 길……. 요즘은 무료에다 시설도 좋은 도서관이 참 많다. 도서관으로 발길을 돌리자.

나는 매주 화요일에 조찬 모임에 참석한다. 그 모임에서 작가 한 분을 초청했다. 제주도 분이었다. 그분은 딱히 할 일이 없어서 책 2천 권을 읽었다고 한다. 100권이 넘자 눈이 점점 맑아지고 머리가 트이기 시작하면서 글을 쓰게 되었다고 한다. 여러 권의 책을 내고 강의도 하면서 제2의 인생을 보람차게 살고 있는 중이란다.

2천 권의 책도 한 권의 책으로부터 시작됐다. 시작점이 중요하다. 어려운 책부터 읽으려 하지 말고 좋아하는 장르에서 시작하자. 그 작가는 만화책부터 읽기 시작했다고 한다. 만화에 재미를 느껴 수백 권을 탐사하듯 읽어내리다 보니 여러 장르의 책에 눈길이 가고 또 탐독하게 되어 유명 작가가 되었다고 한다.

나는 70세에 책을 썼다. 책 쓰기가 그리 쉽지는 않았다. '과연 나의 책을 남들이 좋아할까? 망신당하지는 않을까?' 하는 생각도 있었다. 책 쓰기에 도전했다가 "책은 아무나 쓰는 것이 아니야." 하며 포기하는 사람들이 많다. 나도 포기하고 싶은 적이 있었다. 하지만 어떤 분야든 처음은 다 힘들고 어려운 법이라 생각하며 마음을 다잡았다.

"첫 책 실패하면, 두 번째 책에서 성공하면 돼."

때로는 이런 배짱도 필요했다.

첫 책이 출간되자 모든 고통과 고난을 잊게 되었다. 두 번째 책도 쓸 수 있겠다는 자신감으로 가득 찼다. 그리고 어느 순간, 다시 펜을 잡고 글을 쓰는 나 자신을 발견하게 되었다. 처음엔 깜깜하고 그래서 무서웠던 길이 이제는 환하고 여유로웠다. 익숙한 느낌마저 들었다.

"구슬이 서 말이라도 꿰어야 보배."라는 속담이 새삼 가슴에 와 닿았다. 책은 내 인생 구슬을 정성스럽게 꿴 보배였다. 꿰려고 시도하지 않았다면 구슬은 알알이 흩어진 채 빛이 바래졌을 것이다.

한 번뿐인 인생 무언가 흔적을 남기고 가야 하지 않을까? 나는 책으로써 그 흔적을 남겼다. 누구나 책 한 권 정도는 인생의 마무리 차원에서 필요하지 않을까 생각해 본다.

02
이 나이에
물구나무서기를
하기까지

우리 인간은 출생의 순간부터 고통을 겪는다. 엄마 자궁의 좁은 길을 통과해서 나와야 하는 의례는 인간의 첫 고통이다. 힘겹게 나오는 아기는 두상이 길게 늘어져서 나오기도 한다. 좁은 자궁 길을 통과 못 해서 제왕절개 수술로 세상에 나오는 아기들도 있다. 결국 인생은 고통에서 출발하는 것이다. 아기의 탄생에 모두 힘찬 박수를 보내고 기뻐하는 것은 힘든 고난을 이겨내 아기의 장한 모습에 감동하기 때문이어서가 아닐까.

어느 누구든 시작은 다 힘이 든다. 처음에는 모든 것이 서툴기 마련이다. 얼마만큼 빨리 적응해나가느냐가 관건이다. 걸음마를 일찍 마치고 걷는 아기들이 있는 반면 오래 끄는 아기들도 있다. 중요한 것은 걷게 되기까지 포기하지 않는다는 점이다. 장사도 마찬가지다.

걸음마 단계에서 포기하지 않고 노력하면 분명 걷게 된다. 적응 속도의 차이가 사람마다 다를 뿐이다.

남편과 처음 동대문 시장에 들어가면서 할 수 있다는 자신감으로 뛰어들었다. 그러나 그 자신감은 하루에도 몇 번씩 사라졌다가 나타나기를 반복했다. 워낙 장사 밑천이 없으니 시작부터가 녹록하지 않았다. 상품이 판매가 되지 않아 재고로 남은 때도 있었고, 디자인이나 컬러가 고객에게 외면당하는 경우도 있었다. 상품에 돈이 묶여 여유자금이 쪼들릴 때도 많았다. 손해를 보았을 땐 다 뿌리치고 어디론가 달아나고 싶을 때도 있었다. 그러나 이 모든 것을 나는 어금니를 갈아가며 참아냈다.

'이 또한 지나가리라!'

나는 이 긍정적인 사고방식으로 처절한 고통을 이겨냈다. 지금에 와서는 그냥 죽지 못해 견디어낸 것뿐이라는 생각도 하게 되지만, 내 안의 긍정이 나를 살린 것은 확실하다. 나의 성공은 낙천주의자의 승리였다.

'견뎌라. 안 되면 될 때까지 하라.'

스스로에게 주문을 걸며 피와 땀을 흘렸다. 그렇게 살아온 나에게 보상이 돌아왔다. 자그마한 건물의 주인이 된 것이다.

기우제를 잘 지내는 추장이 있었다. 다른 마을의 추장들은 아무

리 열심히 기우제를 지내도 비가 오지 않았다. 추장들이 모여 기우
제를 잘 지내는 추장에게 선물을 잔뜩 싣고 벤치마킹하러 갔다. 선
물을 받은 추장이 그 추장들을 모아놓고 말했다.

"한 번 시작했으면 끝장을 보십시오. 기우제를 시작했으면 비가
내릴 때까지 기우제를 지내십시오. 결국 비는 옵니다."

나는 성공이라는 비가 내릴 때까지 기우제를 지낸 것이다. 그것
외에 특별한 비결은 없었다.

"운동 같지 않은 운동이, 운동이 되네."

함께 운동을 하는 한 어르신의 말이다. 내가 하고 싶은 말이기
도 했다.

나는 63세의 나이에 중고등 검정고시에 매진했었다. 일 년 만에
합격했다. '이제는 어깨를 펴고 살아보자.' 하며 두 팔을 번쩍 들고
만세를 불렀다. 그런데 팔을 내리는 순간 오른쪽 어깨에 통증이 느
껴졌다. 통증은 날이 갈수록 심해졌다. 그동안 정신없이 공부만 하
느라 참아왔던 아픔이 긴장이 풀리면서 한꺼번에 밀려온 것이다.

한약방에서 침을 맞았다. 조금 나은 것 같았다. 그런데 며칠이 지
나자 다시 아픔이 찾아왔다. 물리치료도 받아보았다. 하루 이틀은 참
을 만했지만 고통은 다시 시작되었다. 운동부족이라는 생각에 문화
센터 국선도에 입문했다. 온몸 스트레칭과 체조를 하면서 중요한 혈

자리를 짚기, 그리고 단전호흡을 했다.

처음에는 '이것도 운동이 되나?' 싶었다. 그런데 어느새 운동을 시작한 지 일 년이 다 되어가고 있었다. 한 달도 안 하고는 이게 무슨 운동이냐고 하면서 그만두는 사람들도 많았다. 하지만 나는 무엇을 하든 끈기와 꾸준함이 있었기에 일 년을 끌고 올 수 있었다. 그리고 운동 효과를 볼 수 있었다. 어느 사이엔가 어깨 통증이 사라진 것이다. 게다가 기관지까지 좋아졌다. 공기만 탁해도 기침을 하던 나였는데, 운동을 하자 기침도 거의 수그러들었다.

일 년이 지나 이 년이 되어갈 무렵, 단전호흡의 꽃이라고 하는 물구나무서기가 서서히 잡혀가고 있었다. 신기하게도 척추가 똑바로 서면서 발이 가볍게 올라갔다. 결국 육십 넘은 노인에게 도저히 불가능해 보였던 물구나무서기도 성공적으로 해냈다. 허리에는 빨래판을 댄 듯 기가 들어갔고, 근육이 발달되며 꼿꼿하게 펴졌다. 인내력과 자신감 덕분에 가격 대비 큰 효과를 누릴 수가 있었다.

유튜브 영상 〈브라보, 이순희 박사〉에 나의 물구나무서기hand-standing가 소개되었다. 보는 사람들마다 어떻게 그 나이에 물구나무서기를 할 수 있느냐며 감탄을 했다. 심지어 어떤 이는 대역을 쓴 것 아닌지 묻기도 했다. 나는 그저 할 수 있다는 믿음으로 꾸준히 노력했을 뿐이라고만 대답했다.

스스로를 믿고 꾸준히 노력하자. 스스로를 믿지 못하면 누가 나를 믿겠는가. 누가 나를 인정해주겠는가? 제2의 인생을 앞둔 사람에게는 더더욱 이 말을 강조하고 싶다. 누구나 처음 시작은 겁이 난다. 그래도 한 계단 한 계단 오르다 보면 멋지고 행복한 인생을 만나게 될 것이다.

제2의 인생을 앞둔 사람에게는
더더욱 이 말을 강조하고 싶다.
누구나 처음 시작은 겁이 난다.
그래도 한 계단 한 계단 오르다 보면
멋지고 행복한 인생을 만나게 될 것이다.

03

명품 가방과
비닐 가방

장사를 하다 너무 힘들 때는 죽고 싶기도 했다. 하지만 억울해서 죽을 수가 없었다. 돈도 실컷 써보고도 싶었고, 어려운 이웃에게 아낌없이 베풀어보고도 싶었다. 나는 이런 다짐을 하며 힘겨움에서 벗어나려 했다.

'그래, 나도 한번 돈을 산더미처럼 벌어보자! 돈을 물 쓰듯 써도 줄지 않을 정도로 부자가 되어보자!'

나는 십 원 한 장도 아껴 썼다. 돈을 벌려면 돈을 모아야 하니까. 무조건 지출을 막았다. 지출을 막기 위해 친구 만나는 시간도 줄였다. 만날 때는 매장으로 불러들였다. 친구들도 나를 도와 매장으로 모였다. 함께 즐기며, 판매하며 모두가 매장의 사장이 되었다. 친구들과의 시간은 쌓인 피로를 풀어주었다.

고객들에게도 베풀 수 있는 것은 베풀었다. 커피는 아끼지 않았다. 점심 식사도 배달시켜서 함께했다. 점심과 커피는 고객과 친해지는 지름길이라고 생각했다. 대접을 받은 고객들이 친구가 되어주었다. 돈도 벌면서 친구도 사귀니 좋았다. 이렇게 해서 우리 매장에는 매일같이 고객이 모였다. 수미사는 동대문 시장의 아방궁이 되었다.

우리 아이들을 위해서는 아낌없이 지출했다. 내가 밥 한 끼 사먹을 돈도 아껴서 외국으로 유학을 보냈다. 학비와 생활비로 몇 백만 원이 들어갔지만 아깝다는 생각을 한 적이 없었다. 엄마의 손길이 꼭 필요한 초등학교 1, 2학년 때 돈만을 향해 달렸던 엄마의 무관심에 대한 보상이라고나 할까. 자식에 대한 지출은 아무 조건 없는 맹목적인 지출이었다. 피와 땀이 밴 돈으로 아이들 뒷바라지한다는 생각에 더욱 행복하고 보람 있었다.

아이들 어렸을 때, 간염 예방주사가 비쌌던 것으로 기억한다. 돈이 아까워 아이들만 맞히고 나는 맞지 않았다. 지금 생각하면 정말 어리석은 행동이었다. 엄마가 아프면 아이들이 어떻게 되는지를 생각 않고 오로지 돈만 움켜잡았으니…….

여하튼 십여 년간 안 먹고 안 쓰고 오로지 돈만 모았더니 모든 것이 순조로웠다. 북아현 맨션아파트를 사기 위해 빌렸던 융자금도 2년 만에 다 갚고, 가게도 사게 되었다. 집안에 별다른 일도 생기지 않아 걱정 없이 잘 지낼 수 있었다.

명품가방을 사고싶은 유혹에 밤새 갈등했다. 그러나
나는 비닐 쇼핑백에 돈뭉치를 넣은 다음 시장에 들고 나갔다.
'나처럼 부자인 사람 없을 거야.'
나는 이런 생각을 하며 남모르는 행복을 즐겼다.

그런데 마른하늘에 날벼락이라더니! 생각지도 않았던 사건이 터졌다. 1997년, 듣도 보도 못한 IMF라는 괴물이 우리나라를 발칵 뒤집어놓으며 우리 삶까지 파괴해버렸다. 절약도 아무 소용이 없었다. 힘들게 쌓아올린 공든 탑이 하루아침에 무너지고 말았다. 당하고 나서야 깨달았다. 장사가 잘될 때 안 될 때를 대비해야 하는 이치를.

사람이 살아가면서 아무리 팔자가 좋다고 해도 일평생 한 번도 굴곡을 겪지 않는 사람은 없을 것이다. 초년에 고생한 사람은 말년이 좋을 것이고, 초년에 부유했던 사람은 중년 또는 말년에 고난을 겪을 수도 있다. 행복이 한 가지라면 불행은 수백, 수천 가지라고 한다. 누구에게나 고난과 고통의 파도는 밀려온다. 그 파도를 어떻게 슬기롭게 타고 넘느냐가 관건인 것이다.

나는 다시 탑을 공들여 쌓았다. 그리고 의지와 슬기로 IMF라는 괴물을 물리쳤다. 그리고 시간이 더 흘렀다. 어느 날 보니 재산이 늘어 있었다. 매장의 권리금이 천정부지로 올라 있었던 것이다.

"아니, 이게 웬일이야?"

모처럼 마음 놓고 숨을 쉴 수 있었다. 돈의 악몽에서 해방되는 기분이었다. 그러자 이런 생각이 스르르 찾아왔다.

'이참에 나도 좀 사고 싶은 것을 사야 하지 않을까? 갖고 싶었던 명품 가방을 사러 가야겠다.'

밤새 명품 가방을 들고 여기저기 헤매고 다니는 내 모습을 그렸다. 그렇게 행복하게 잠이 들었다. 그런데 아침에 일어나 명품 가방을 살 생각을 하니 돈이 아까웠다. 큰돈을 써야 한다고 생각하니 사고 싶었던 마음이 거짓말처럼 사라지게 되었다.

"그까짓 것 명품은 사서 뭐해?"

나는 남아 있는 잠과 함께 명품 가방을 털어버렸다. 명품 가방은 사지 않았지만 손에 넣을 돈은 충분하다고 생각하니 마음이 편안해졌다.

'차라리 명품 가방 살 돈을 비닐 가방에 가득 넣어서 들고 다니는 게 훨씬 낫겠다.'

나는 스스로에게 물었다.

"순희야, 빈 명품 가방 들고 다닐래? 돈이 가득 든 비닐 가방 들고 다닐래?"

나는 역시 돈이 가득 든 비닐 가방 체질이었다. 돈을 지니고 있는 것이 더 마음 편하고 행복했다.

나는 비닐 쇼핑백에 돈뭉치를 넣은 다음 시장에 들고 나갔다.

'나처럼 부자인 사람 없을 거야.'

나는 이런 생각을 하며 남모르는 행복을 즐겼다.

04

데드 포인트를
넘어서라

데드 포인트Dead Point; 사점死點라는 공학 용어가 있다. 스포츠에서는 '격심한 운동을 하고 있을 때 매우 고통스럽게 되는 시기'를 말한다. 이때를 극복하면 괴로움이 점차 누그러진다. 그다음에 세컨드 윈드 Second Wind라는 상태가 된다. 자신을 지치게 만들었던 일을 계속할 수 있게 하는, 새로운 활력에 차는 상태다.

나는 데드 포인트에 이르렀을 때, 새로운 돌파구가 나타나는 것을 느꼈었다. 곧 죽을 것처럼 고통이 심한데 성공의 쾌감을 떠올리자 고통이 누그러졌다. 공부할 때도 그랬다. 63세에 처음 시작한 중학교 수학은 도무지 머리에 들어오지가 않았다. 최소한 중학교 1학년 수학 문제는 쉽게 풀 줄 알았다. 그러나 생면부지 처음 대면한 문제는 어찌 풀어야 할지 감도 잡을 수가 없었다. 수학 선생님의 문제

풀이를 들어봐도 잘 이해가 가지 않았다.

나는 항상 선생님의 침이 튀기는 맨 앞자리에 앉는다. 어딜 가든 시선을 분산시키는 것이 싫어서 맨 앞자리에 앉곤 하지만 공부할 때는 특히 더 그랬다. 그날도 맨 앞에 앉아 과연 어떤 문제가 나올까 몰두하며 눈을 부릅뜨고 있었다. 나는 수학 문제를 꼭 풀어야 한다는 각오를 하고 그야말로 '정신일도情神一到'의 자세를 취하고 있었다. 그러나 어느 순간 정신이 몽롱해지면서 눈앞이 뽀얗게 안개가 드리워졌다. 선생님의 목소리도 들리지 않았다. '죽는구나!' 하는 생각이 들었다. 책상을 잡고 정신을 바짝 차렸다. 하지만 수학 문제는 너무나 어려웠다.

처음 공부를 시작할 때 학원 선생님이 했던 말씀이 생각났다.

"너무 열심히 하지 마세요. 육십대 할머니가 열심히 공부해서 대학에 입학하셨는데, 너무 힘이 드셨는지 돌아가셨어요."

죽음이라는 것이 조용히 다가오는 것을 느꼈다. 그런데 죽는다고 한들 여한은 없다는 생각이 들었다. 그 생각에 미치자 정신이 차츰 돌아오기 시작했다. 정신을 바짝 차리고 일어나야겠다고 생각했다. 그리고 일어나졌다.

'열심히 살아온 내 인생에 후회는 없어. 그렇지만 공부를 조금만 더, 아니 중학교 학력이라도 갖고 죽어야 해.'

그 '학력'이란 게 무엇인지, 기를 쓰고 일어나는 나를 발견했다.

그 발견은 내게 기쁨을 주었다.

어느 덧 9년이라는 세월이 흘렀다. 현재 나는 서울과학기술대학교 나노IT디자인융합 대학원 박사 과정에 입학, 박사 학위에 도전하고 있다. 중학교 졸업 자격증만이라도 따자고 했던 것이 박사 과정에까지 이르게 되었다. 꿈이 현실로 내 앞에 다가와 있다. 지금도 이 현실이 순간순간 믿기지 않을 때가 있다.

서울과학기술대학교 교정을 10년 가까이 밟았다. 대학 4년(학사), 대학원 2년 6개월(석사) 이제 박사 과정. 처음 대학교에 입학하기 전, 남편한테 이런 말을 건넸다.

"여보, 나는 평생 스승이 한 분도 안 계시고, 학교 교정도 거닐어 본 적이 없어요. 나 대학교에서 공부하며 스승을 한 분이라도 모시고 싶어요. 스승의 날 꽃 한 송이 달아드릴 스승님을 뵙고 싶어요. 대학 교정을 밟아보는 것도 소원이고요."

남편이 대답했다.

"중고등 검정고시 합격하면 원이 없다고 해놓고, 이번엔 대학교야? 그래. 당신 그동안 고생 많았어. 다닐 수 있는 대학교 알아 봐."

"여보, 고마워요. 사랑해요."

세상을 다 얻은 기분이었다. 이렇게 행복할 수가 없었다. 나처럼 행복한 사람은 없을 것만 같았다. 그런 행복에 젖어 대학교 교정을 4년 동안 열심히 거닐었다.

4학년 졸업반이 되었을 때 같은 과 학생이 물었다.

"대표님, 대학원 가시지요?"

"어? 대학원?"

"대표님이 안 가시면 누가 가나요? 당연히 가셔야지요."

순간 이런 생각이 들었다.

'대학도 과분하지 무슨 대학원까지. 이건 무리한 욕심이야.'

그러나 주위에서 "언니, 대학원 가시지요?" 하며 자꾸 거론하니까 마음이 흔들리기 시작했다. 그 와중에 교수님도 나를 부추겼다.

"대학원 한번 도전해 보시지요."

결국 내 마음은 대학원에 가자는 쪽으로 기울었다. 대학원생이 되어 있는 상상을 하자 세상이 달라 보였다. 구름 위에 둥둥 떠다니는 기분마저 들었다. 하지만 남편이 걸렸다. 미안해서 도저히 말을 꺼낼 용기가 나지 않았다.

'그래, 작전을 짜보자.'

어떻게 해야 남편의 마음을 움직일까 곰곰 생각을 해보았다. 남편한테 허락을 받아야만 편하게 공부하는 게 가능했다. 남편의 반대가 있으면 서로 트러블이 생겨 공부에 집중할 수 없을 게 뻔했다. 옆에서 잘한다고 치켜세우고 응원해줘야 공부도 잘 되는 것 아닌가.

무조건 최고의 서비스를 하기로 작전을 짰다. 우선은 남편에게 매일같이 따뜻한 말 한마디와 칭찬을 건네기로 정했다.

"여보, 당신은 젊었을 때보다 지금이 훨씬 멋있어."

남편의 표정이 밝아지는 것이 역력했다.

"그랬어? 당신이 잘해줘서 그렇지, 뭐."

"여보 이것도 고쳐 줘요."

"당신은 이런 것도 잘 고치네."

행복해하는 남편을 보며 작전이 성공적으로 가는 것을 느꼈다. 의도한 작전이었지만 남편의 행복 속에서 나 자신도 행복을 맛보았다. 일석이조의 효과에 마음이 흐뭇했다.

역시나 남편이 행복에 젖어 있는 그 순간을 노려 나는 속내를 드러냈다.

"여보, 나 대학원 가면 안 될까요?"

죄인인 양 작고 낮은 목소리로, 거기다 애절한 표정까지 더해 남편에게 물었다.

"이제 그만하지!"

남편은 단호했다. 일단은 수긍해야 했다.

"알았어요. 당신이 원한다면 공부 그만하지, 뭐."

이보 전진을 위한 일보 후퇴였다. 기죽은 듯 대답했지만 속으로는 '이 양반을 어떻게 요리하지?' 하면서 머리를 팽팽 돌리고 있었다.

남편도 반격을 펼쳤다. 나의 작전을 눈치 챈 것인지 온 식구를 불러 모았다. 사위들, 딸들, 아들과 합세해서 나를 압박하려는 의도였다. 하지만 오히려 그 반격은 역풍을 불러왔다. 식구들이 나의 대학원 진학을 찬성한 것이다. 그 결과에 남편이 허탈한 듯 말했다.

"공부하라는 자식놈들은 안 하고, 에미가 공부한다고 저 난리네."

그렇게 나는 온 가족의 지지를 받으며 대학원에 입학할 수 있었다.

대학원 졸업하고 1년 가까이 지났을 무렵 나는 또다시 남편에게 최고의 서비스를 제공했다. 이번엔 박사에 도전하고 싶어서였다.

"박사 공부는 어떻게 하는 걸까?"

나는 일부러 이런 말을 남편 앞에서 가끔 내뱉었다. 내 속내를 눈치 챈 남편은 어느 날 이렇게 대꾸했다.

"여보, 박사 공부 하고 싶으면 하지."

'어머! 웬일!'

속으로 쾌재를 불렀다. 마침 원서 접수 기간이었다. 나는 그다음 날 바로 입학원서를 냈다.

이것이 박사 도전에 이르기까지의 과정이다. 원하는 바가 있다면 죽음도 불사하라는 말로 이야기를 닫으려 한다. 죽음과도 같은 극심한 고통, 그것만 넘기면 된다. 그 너머에 성공이 기다리고 있다.

05

스카프 천국의
탄생 비화

지금도 길을 가면 오로지 스카프만 눈에 뜨인다. 스카프만이 나의 전부이고 나의 인생이다. 비전이요, 천직이다. 철학이기도 하다. 내가 성공할 수 있었던 비결은 오로지 스카프만을 고집하며 매진했다는 점이다. 35년! 강산이 세 번 반이나 바뀌었다. 그동안 오로지 스카프에 빠져 살았다.

처음 동대문 시장에 둥지를 틀었을 때 그곳은 무엇이든 팔 수 있는 시장이었다. 주로 의상을 팔기는 해도 어떤 것이든 팔 수 있는 환경이었다. 사람들이 많이 몰리는 시장이었다. 나는 장사를 하면서 주위를 눈여겨보았다. 남들은 어떻게 해서 돈을 버는가? 어떻게 노력했기에 부자가 되었을까? 동대문 원단시장, 평화 시장, 광장 시장 등을 돌아다녔다. 그곳 사람들을 예의 주시하면서 연구했다. '왜? 왜?

왜?'를 계속하며 비결을 밝히려 애썼다. 왜 저 매장에는 손님이 많은 가? 왜 소매 손님에게 불친절한가? 왜 갑부가 되었을까?

나도 갑부가 될 수 있다는 생각으로 고객 관리에 신경을 썼다. 3년의 세월이 흘렀다. 많은 경험을 겪으면서 나만의 노하우가 정리되었다. 판단이 내려졌다. 갑부의 길은 다양한 품목보다는 오로지 한 품목만 파고드는 것이 더 가깝다는 결론이었다.

결론을 얻고 여러 가지를 생각했다.

하나, 내가 가장 자신 있게 팔 수 있는 것은 무엇일까?

둘, 내가 가장 좋아하는 품목은 무엇일까?

셋, 후대에까지라도 물려줄 수 있는 품목은 무엇일까?

넷, 장사를 하면서 가장 행복했던 순간은 언제일까?

답은 스카프였다. 내가 스카프를 어깨에 두르며 패션을 연출할 때 고객들은 즐거워했다. 그 스카프를 고객이 구매했을 때 보람을 느꼈다. 스카프를 사고 즐겁게 돌아간 고객이 다시 찾아왔을 때 나는 행복했다. 스카프가 나의 길이었다.

드디어 기회가 왔다. 원피스를 제작하기 위해 수출하고 남은 원단 1,000m를 구매했다. 한 가지 디자인에 모두 같은 컬러였다. 지금은 상상도 할 수 없는 물량이다. 디자인을 하면서 많은 양의 원단을

패션 업계에서는 자신만의 고집,
자신만의 작품 세계가 보다 더 중요하다.
디자이너가 항상 옳은 선택을 하는 것은 아니지만,
실패의 경험 속에서 디자이너도 성장한다.

소모도 시킬 겸 원피스를 만들면서 스카프를 곁들여 제작했다. 예상
대로 원피스 세트가 동이 날 정도로 인기가 좋았다. 스카프만 구매
하겠다는 고객들도 많았다.

　다음엔 블라우스를 스카프와 세트로 제작했다. 주문이 쇄도했다.
스카프는 블라우스의 두 배로 잘 나갔다. 구매하려는 고객이 많이
늘어갔다. 장사는 나날이 번창했고, 내가 디자인한 다양한 스카프들
이 세상에 퍼져갔다.

　어느 날 한 고객이 외쳤다.
　'우와! 스카프 천국이다!'
　그때부터 수미사는 '스카프 천국'이 되었다.

　스카프의 천국이라는 이미지가 번져가면서 나는 스카프에만 '올
인'했다. 그리고 많은 고객들과 함께하며 10년 세월을 보냈다. 고객
과 공감하고 소통했기에 우리 수미사의 디자인이 사랑받을 수 있었
다. 이런 디자인이 잘 팔릴 것 같다며 샘플을 제시해주는 고객도 있
었다. 수미사에 대한 사랑이 없다면 있기 힘든 일이었다.

　고객에게 이런 칭찬을 받기도 했다.
　"장사꾼 같지 않은 장사꾼이세요."
　"아, 그래요. 감사합니다."
　고객을 어떤 존재로 인식해야 하는지, 우리 수미사의 사례를 한

번쯤 새겨보기를 바란다.

　수많은 상품을 디자인하면서, 직접 판매하는 경험이 많아지면서
상품이 시장에서 성공할 것인지 판단하는 능력이 생겼다. 자신감에
탄력을 받아 제작을 하니 스카프는 더 잘 팔려나갔다. 자신만의 고
집이 필요하다. 나는 남의 것을 흉내 내지 않고 오직 내 콘셉트로 나
의 작품 세계에 빠져들었다. 나를 따라 하던 상인들이 변신에 실패
하는 것을 종종 목격했다. 그들은 동대문 시장에서 도태되어 매장과
함께 사라지고 말았다.

　'자신만의 고집'을 가지라는 말이 자신만이 옳다고 고집을 피우
라는 뜻은 아니다. 자신만의 작품 세계를 확고히 하라는 뜻이다. 자
신만의 작품 세계를 확립하려면 오히려 다른 사람 작품을 눈여겨볼
줄 알고, 다른 사람 말에 귀 기울일 줄 알아야 한다. 눈과 귀를 닫아
버려서는 곤란하다. 패션 업계에서는 이 자신만의 고집, 자신만의 작
품 세계가 보다 더 중요하다. 그런데 본인이 디자이너가 아니라면 디
자이너의 결정을 존중해주는 것이 좋다. 디자이너가 항상 옳은 선택
을 하는 것은 아니지만, 실패의 경험 속에서 디자이너도 성장한다.
디자이너의 성장은 결국 매장에 이익으로 돌아온다.

　요즘 나는 SNS 마케팅을 배우는 중이다. 오프라인 매장만으로는

힘든 시대다. 온라인 마케팅, 그리고 핸드폰 하나로 세상을 지배하는 시대에 돌입했다. 손 안에서 모든 것이 이루어지고 있다. 모두가 빠른 시대에 살고 있다. 발 빠르게 따라가야 한다. SNS 강의를 들으며 정신없이 달리고 있다. 더불어 SNS를 통해 전 세계로 뻗어나가는 '순회체' 스카프 판매를 구상 중이다. 인생 2막에서 다시 스카프에 '올인'하고 있는 것이다. 여전히 스카프는 나의 길이다. 여러분도 자신만의 길을 찾기를 간절히 기도한다.

06

남편, 내 사랑, 그리고 왕비

남편은 나에게 "평생 물 한 방울 손에 묻히지 않고 살게 해줄게."라고 했다. 우리 시대에는 모두가 순진했었다. 그 말을 믿고 결혼했다. 그러나 마음대로 안 되는 것이 세상만사!

"내가 팔자가 좋게 태어났다면 좋은 신랑 만나 잘 먹고 잘살았겠지. 그렇다면 내 팔자 내가 고쳐보자."

나는 돈 벌기를 제일의 목적으로 삼았다. 장사를 하되 정직한 마음과 가치관을 지닌, 남에게 손해 끼치지 않고 함께 상생할 수 있는 장사꾼이 되기로 마음먹었다. 그리고 이 악물고 장사해서 30여 년간 돈을 벌었다. 지금은 잘 먹고 잘살고 있다.

친구가 말했다.

"순희야, 너는 돈 잘 벌어서 남편한테 큰소리 치고 살아서 좋겠다."

"얘, 그런 소리하지 마. 너는 남편이 벌어다주는 돈으로 평생 편안하게 먹고살면서 '이것도 돈이라고 벌어다 줘?' 하고 큰소리 치고 살잖니. 나는 남편과 힘겹게 돈을 벌어서 함께 고생한 남편 기죽을 까봐 큰소리 한번 못 친다."

어려서부터 봉건적인 아버지의 교육을 받고 살았다. 아버지는 부모님한테는 물론 윗사람에게는 말대꾸도 못 하게 했다. 남편에게도 순종을 해야 한다는 것이 아버지의 가르침이었다. 막내아들 하나에 딸이 넷이나 되었기에 아버지의 교육은 더욱 엄격했다. 우리 자매들은 아버지의 가르침대로, 지금도 남편 말이라면 전부 순종하며 살아가고 있다. 우리는 당연한 것으로 알고 살아왔기에 별 불편함을 몰랐다. 지금도 큰 불만 없이 살아가고 있다.

나는 대학원 공부를 하면서 더욱 남편에게 봉사했다. 남편은 대학원을 안 나왔는데, 마누라를 공부시켜주니 고마웠다. 남편에게 최대한 잘했다. 그렇다고 몸을 꼬아가며 애교를 부린 것은 아니고, 하루에 한 가지씩 칭찬을 했다. 이것도 처음에는 말도 잘 안 나오고 어색했다.

"순희, 너 대학원 졸업해야지. 노력해봐."

이렇게 스스로를 다그치며 의도적으로 칭찬을 하려 애썼다. 하루는 남편이 외출하기에 얼른 쫓아가 현관문을 열어주었다.

"여보, 당신은 젊었을 때보다 더 중후하고 멋있어, 허리도 굽지 않고 다리가 길어서 멋져. 당신 시니어 모델로 한번 나가면 어떨까?"

"그래? 근데 늙어서 할 수 있을까?"

남편은 즐거워하며 계단을 내려갔다. 남편 뒷모습에서 행복이 비쳤다. 나의 따뜻한 말 한마디에 남편의 마음이 행복해진 것이다. 신기하게도 나 역시 덩달아 행복해졌다.

다음 날 내가 먼저 외출을 하게 되었다. 현관에서 구두를 신고 있는데, 남편이 나와서 현관문을 열어주었다.

"잘 다녀와. 조심하고."

어제 내가 베푼 친절을 고스란히 되갚은 것이다. 너무 행복했다. 나는 의도적이었는데, 남편은 순수하게 나와 살짝 미안하기도 했다. 그 후로 나는 남편이 외출할 때는 항상 먼저 나가서 현관문을 열어주고 있다. 나도 순수해진 것이다.

그런데 책을 보다가 미처 남편이 나가는 것을 놓칠 때가 있다. 그러면 남편은 일부러 내 공부방 문을 열어본다.

"여보! 나 먼저 나가요."

"알았어요."

나는 책을 덮고 현관으로 나온다. 남편은 그제야 구두를 신고 준비한다.

일흔이 넘으니 마땅히 할 말이 많지 않다. 그래서 하루는 이런 말을 했다.

"세상에 당신만 한 남편감이 없어. 죽었다 다시 태어나도 나는 당신뿐이야."

이 말을 들은 남편은 어린아이처럼 좋아했다.

또 하루는 함께 TV를 보고 있었다. 어느 영감님이 혼자 외롭게 살아가고 있었다.

"여보, 저 영감님. 마나님 먼저 세상에 보내고 너무 쓸쓸해 보인다. 당신하고 나하고는 한 날 한시에 죽어야 할 텐데."

남편 입에서 무슨 말이 나올까 궁금했다

"그게 그렇게 마음대로 되나?"

남편 얼굴에 웃음기가 도는 것을 느꼈다.

핸드폰 연락처에 남편의 이름 대신 '내 사랑'이라고 썼다. 그리고 하트를 하나 찍었다. 전화기를 본 남편의 얼굴에 '행복'이란 글자가 새겨졌다.

"근데 왜 하트가 하나뿐이야?"

"온리 유! 오직 당신뿐!"

나는 순발력 있게 대답했다. 나이가 들어도 사랑은 이렇게 유치한 것! 아이들 소꿉장난과 다를 바 없다.

며칠 후 남편의 핸드폰 연락처에서 나의 명칭을 보았다.

'왕비'

강의할 때 이 이야기를 들려주었다. 행복한 박수가 쏟아졌다. 많은 사람들이 사랑의 표현에 약한 탓일 것이다. 일상적으로 사랑의 표현을 하고 산다면 크게 박수칠 일은 아니었을 것이다. 이것도 연습이 필요하다. 화끈한 사랑 타령이 자신 없다면 은근한 사랑의 표현을 시도해보자. 아무렇지도 않게 한마디씩 툭툭 던지는 것이다.

"당신은 날이 갈수록 더 멋있어져."

간단한 음식을 만들어도 이런 말을 덧붙이자.

"오늘은 당신을 위한 특별 요리야."

어차피 맺어진 인연이라면 행복하기 위해 노력하며 살아가는 것이 좋다고 생각한다. 부부의 행복이 머무는 곳이 바로 지상낙원 아닐까?

내가 한없는 사랑의 메시지를 보냈더니, 남편은 사랑에 눈이 멀기 시작했다. 어느 날엔 불쑥 이런 말도 꺼냈다.

"당신, 저자 사인회에서 쓸 만년필 하나, 좋은 것으로 사줄게."

이런 말을 듣고 내가 가만히 있었겠는가.

"어머! 역시 당신은 멋쟁이야! 여보, 사랑해."

요즘은 더 없이 행복하고 만족하다. 하고 싶은 공부도 하고 있고, 남편과의 사랑도 돈독해지고.

하고 싶은 일이 있는가? 그렇다면 자신의 옆에 있는 사람을 먼저 즐겁게 해주려는 노력을 해보자. 내가 남편의 비위를 맞추려고 노력했듯이. 즐거움을 받은 그 사람은 당신에게 힘이 되어줄 것이다. 그 힘이 당신을 일으켜 세울 것이다. 나는 나를 세워준 남편에게 감사하고 있다.

07
하늘이 알고
땅이 알아주는 진심

살기 어렵다고들 말한다. 직장 구하기 힘들고, 장사하기 벅차다고 한다. 그래도 정성을 다하고 열정을 바쳐야 할 것이다. 그 길이 최선이 아닐까 생각한다.

"직원은 잘리지 않을 만큼 일하고, 사장은 그만두지 않을 만큼 월급을 준다."라는 말이 있다. 누구 편을 들 생각은 없다. 그저 인지상정이라고 생각한다. 하지만 직원이든, 사장이든 성공을 원한다면 마음가짐을 바꿔야 한다. 직원은 사장 입장을, 사장은 직원 입장을 생각해야 한다. 앞서 나는 설렁탕집 종업원으로 일했던 시절을 이야기했다. 다시 말하지만, 주인처럼 일했다. 나의 진정성을 알아본 주인 할머니는 당신이 죽으면 가게를 인수하라고 했다. 내가 종업원으로서 '잘리지 않을 만큼'만 일했다면 그런 말씀을 꺼내지 않앉을 것이다.

동대문 원단 시장에서 매장을 운영하려면 힘 있고 젊은 직원들이 많이 필요했다. 직원들을 고용해서 부를 많이 쌓은 사장은 10년 이상 일한 직원들에게 매장을 하나씩 개업해주기도 했다. 돈을 벌 수 있도록 도와준 직원들에 대한 보답의 의미였다. 누가 보든, 안 보든 거짓 없는 진심으로 최선을 다하면, 하늘이 알고 땅이 알아준다. 반드시 보상이 따른다. 진실과 성실은 삶의 밑천이 된다.

마지막으로 인간 이순희에 대해 간략하게 정리해본다. 여러분과 이순희를 비교해보면 좋겠다.

이순희는 누구인가?
　나의 존재 가치: 끝없는 도전
　나의 핵심 가치: 정직한 생활
　나의 미래 가치: 꿈을 잃은 이들에게 꿈과 희망을 찾아주고,
　　　　　　　　행복한 삶을 추구하도록 돕기

이순희의 성공 요인
　1. 운명은 스스로 개척한다.
　2. 나는 인내의 여인이다.

3. 항상 밝은 미소

4. 자신감을 잃지 않는다.

5. 위기에 강하다.

6. 신뢰가 있다.

7. 의리를 지킨다.

8. 창의적이다.

9. 미래 지향적이다.

10. 항상 남을 배려하고 칭찬하기

11. 약속 시간 20분 전에는 도착한다.

12. 남의 흉은 절대로 안 본다.

13. 지는 것이 이기는 것이다.

14. 남의 탓을 하지 않는다.

15. 재물에 매몰되지 않는다.

16. 똑바로 걷는 걸음걸이

17. 꾸준한 운동으로 체력과 정신력을 키운다.

18. 목적을 이룰 때까지 사력을 다한다.

19. 내 옆에 있는 사람이 어떤 도움이 필요한가 생각한다.

20. 죽는 그 순간까지 배우고 도전한다.

중학교 1학년 수학 문제의 정답

"안녕하세요. 도전의 여인 이순희 인사드립니다. 저는 9년 전만
해도 초등학교 출신의 열등감 많은 여인이었습니다. 한때는 세상에
서 가장 불행한 여인이라고 생각한 적도 있었습니다. 우울증과 세상
에 대한 원망으로 삶을 포기하고도 싶었습니다. 그러나 저는 이겨냈
습니다. '나도 남들처럼 잘살아보자.' 하며 벌떡 일어나 문을 박차고
나왔습니다. 마음 한 번 고쳐먹으니 희망이 보였습니다. 그리고 지
금은 세상에서 가장 행복한 여인이 되었습니다."

나는 이런 인사말로 강의를 시작한다. 다음에는 나의 책을 소개하
며 살아온 인생사를 꺼낸다.

"저는《나는 동대문에서 장사의 모든 것을 배웠다》의 저자 이순희
입니다. 이 책 안에는 저의 '도전'이 담겨 있습니다. 환갑, 진갑 넘은
예순셋의 나이. 남들은 그때 모든 것을 내려놓고 편안함에 안주하는

데, 저는 새로운 도전을 시작했습니다. 이 책에는 도전에 성공한 저의 '세 가지 꿈'을 이룬 스토리가 쓰여 있습니다."

여기서 그 세 가지 꿈을 이룬 스토리를 간략하게 소개하고자 한다.

첫 번째 꿈: 남편의 사업 부도로 사글세를 살면서 '내 팔자 내가 고쳐보자'는 결심을 하고 동대문 시장에 뛰어들었다. 맨손으로 시작한 장사는 몹시 힘들었다. 그래도 성공의 날을 꿈꾸며 피나는 노력을 했다. 스카프를 직접 디자인해서 돈을 벌었다. 장사꾼으로 살아온 지 35년, 지금은 강남구 논현동 자그마한 건물의 건물주가 되었다.

두 번째 꿈: 내 학력은 초등학교 졸업이다. 환갑, 진갑 넘은 63세에 중고등학교 검정고시에 도전해서 일 년 만에 합격했다. 이후 서울과학기술대학교를 졸업하고, 대학원에서 2년 반 만에 석사 학위를 받았다. 지금 서울과학기술대학교 나노IT융합디자인 대학원에서 박사 과정을 밟고 있다.

세 번째 꿈: 내 인생에 대한 글을 《나는 동대문 시장에서 장사의 모든 것을 배웠다》라는 책으로 엮었다. 나이 일흔에 작가가

된 것이다. 생각 한 번 바꾸니 세상이 달라졌다. 작가가 되기

위해서도 사력을 다했다.

어느 강의에서도 어김없이 위에서 언급한 대로 인사말을 했다. 곳
곳에서 감탄사가 튀어나왔다.

"아니 예순셋에 검정고시 공부를 한 것도 놀라운데, 일흔 넘어서
까지 공부를 하고 계세요? 그것도 박사 학위를 따려고."

"특별한 공부법이 있나요?"

"머리에 입력이 되시나요?"

"와우, 너무 훌륭하세요!"

강의를 마친 후에는 칭찬과 감사 세례를 받았다.

"오늘 만나 뵙게 돼서 영광입니다."

"저는 환갑이 다 돼서 우울했었습니다. 오늘 새 희망을 주셔서 감
사합니다."

"오늘부터 인생을 다시 살 것입니다."

"저의 멘토로 삼겠습니다."

"저는 모든 것을 내려놓고 있었습니다. 다시 일어설 수 있게 해
주셔서 고맙습니다."

"새로운 꿈을 꾸게 해주셔서 감사합니다."

"함께 사진 찍어도 될까요? 영광입니다."

"저도 이제부터 꿈이 생겼습니다. 감사합니다."

"우리 학교에 오셔서 강의해주실 수 있으세요? 부탁드립니다."

나는 거북이걸음으로 한 발 한 발 내디디며 꾸준히 나를 발전시켜 왔다. 나이를 의식하지 않고 열심히 살아왔다. 그랬더니 어느 날 아침, 눈을 떠보니 유명인이 되어 있었다. 우리 과학기술대학교 총장님은 학교를 빛낸 사람이라며 특별히 불러 식사 대접도 해주었다. 이런 일이 나한테 일어날 줄은 몰랐다.

그런데 세상에서 이런 일이 나한테 일어나고 있다. 한번은 조선일보 한 면을 장식했었다. TV 방송에도 출연했다. 열심히 일기를 쓰다 보니, 작가가 되었다. 이제 박사 학위를 눈앞에 두고 있다.

'꿈이 있으면 젊은이요, 꿈이 없으면 노인'이라고 했다. 나는 꿈이 있으므로 젊은이다. 그것도 이제 대학원을 갓 졸업한 파릇한 젊은이다. 나의 꿈을 향해 달리는 피 끓는 학도다. 젊은이들과 어깨를 나란히 하고 열심히 달려갈 것이다. 저 높은 창공을 향해서!

박사 학위를 위해 계속 전진할 것이다. 단지 최고의 학위가 탐나서가 아니다. 나처럼 공부하고 싶어 하는 분들을 위해 길안내를 하고픈 욕심 때문이다. 불우한 아이들의 길잡이가 되고 싶은 소망 때문이다. 이제 나는 가치 있는 일을 해야 한다.

검정고시를 준비하던 시절 중학교 수학이 너무 어려워 죽을 것만 같았던 때가 있었다. 그때의 기억을 나는 강연에서 종종 이야기한다.

"내가 그때 그 수학 문제를 끙끙대며 풀지 않았다면, 지금 이 자리에 서 있을 수 있겠습니까? 지금 박사에 도전하며 공부할 수 있겠습니까? 중학교 1학년 수학 문제를 수십 번, 수백 번, 수천 번을 외우며 풀었기에 저는 오늘 여러분을 만나고 있는 것입니다. 여러분 지금도 늦지 않았습니다. 정확한 목표를 세우고 도전하세요. 도전만이 우리가 나아갈 길입니다. 그 과정에서 행복을 찾을 수가 있습니다."

여전히 나는, 내가 강연해서 말한 바를 실천하고 있다. 실천하면서 오늘도 성장하고 있다.